网球图解教程

青少年网球训练指南

北京中国网球公开赛体育推广有限公司青训项目组
清华附中神龙体育俱乐部　编著

清华大学出版社
北京

内 容 简 介

本书从网球实战的角度出发,详细地介绍了网球的各种打法技术、战略技术与竞赛规则,全面而科学地为网球爱好者制定了一套系统地学习网球运动的方法。全书共分为10章,介绍了网球运动的起源、世界级网球赛事、中国网球公开赛、网球运动的礼仪、网球运动规则、网球运动专业术语、网球握拍技术、准备姿势、基本步法、击发球技术、网球战术策略、网球器材的选择、常见的网球运动损伤、网球选手的科学营养配餐等内容。

本书图文并茂,秉承了基础技术知识与比赛实战相结合的特点,从技术、战术以及练习方法3个角度帮助读者掌握网球初、中、高级动作技法。本书内容简单易懂、结构清晰、实用性强,适合网球初学者、大中专院校师生及网球培训人员使用,同时也可以作为网球爱好者的参考书。

本书封面贴有清华大学出版社防伪标签,无标签者不得销售。
版权所有,侵权必究。举报:010-62782989,beiqinquan@tup.tsinghua.edu.cn。

图书在版编目(CIP)数据

网球图解教程:青少年网球训练指南/北京中国网球公开赛体育推广有限公司青训项目组,清华附中神龙体育俱乐部编著.—北京:清华大学出版社,2019(2024.12重印)
ISBN 978-7-302-52897-5

Ⅰ.①网… Ⅱ.①北…②清… Ⅲ.①青少年—网球运动—运动训练—教材 Ⅳ.①G845.2

中国版本图书馆CIP数据核字(2019)第083518号

责任编辑:陈立静
装帧设计:郑国强
责任校对:王明明
责任印制:杨 艳

出版发行:清华大学出版社
  网　　址:https://www.tup.com.cn, https://www.wqxuetang.com
  地　　址:北京清华大学学研大厦A座　　邮　编:100084
  社 总 机:010-83470000　　邮　购:010-62786544
  投稿与读者服务:010-62776969, c-service@tup.tsinghua.edu.cn
  质量反馈:010-62772015, zhiliang@tup.tsinghua.edu.cn
  课件下载:https://www.tup.com.cn, 010-62791865

印 装 者:涿州市般润文化传播有限公司
经　　销:全国新华书店
开　　本:170mm×240mm　　印　张:12　　字　数:160千字
版　　次:2019年6月第1版　　印　次:2024年12月第6次印刷
定　　价:59.00元

产品编号:081231-01

编委

北京中国网球公开赛体育推广有限公司 助理总裁	王克诚
北京中国网球公开赛体育推广有限公司 青训项目负责人	徐忠银
首都医科大学附属北京天坛医院神经精神医学与临床心理科	王春雪
全国体育运动学校联合会网球专项委员会	王 森

审核:

北京体育大学网球教研室副主任	孙卫星教授

前言

"中国网球公开赛"是亚洲地区项目设置最全、级别最高、参赛球员最多的国际网球品牌赛事。作为"中国网球公开赛"旗下唯一以网球培训为主体的"中国网球公开赛青训联盟",依托顶级赛事品牌及资源平台,大力普及网球在校园青少年群体中的公益推广,同时肩负着网球运动在中国普及发展的社会责任。

"中国网球公开赛青训联盟",作为以网球教学和网球培训运营管理为主业的推广机构,其教学体系及课程管理,是以美国职业网球协会(USPTA)和国际网球教练员组织(PTR)的网球教学理论为基础,结合中国青少年网球发展实际情况,以及多年从事网球校园推广的经验积累,不断完善青少年网球教学及运营体系,从而奠定了网球运动普及的教学理论基础。

随着中国网球公开赛品牌和价值的提升,结合国家体育发展战略,规范完善体育产业市场化发展,以及加快青少年体育发展规划要求,中国网球公开赛青训联盟推动"体育教育"与"事业产业"双结合的理念;中国网球公开赛青训联盟作为渠道和资源整合平台,以网球运动为载体,推动体育运动市场化、产业化,并建立网球培训项目在产业发展中的系统性和规范化,将中国网球运动普及推广至国内外。

本书通过对网球运动和网球文化的介绍,让读者认知网球运动;同时对基础的网球技术和网球战术做了描述,为读者更深层次地了解网球运动的比赛和训练做了诠释;最后在网球运动的器材选择、伤病预防和营养配餐方面也有实用性的描写。另外,对网球爱好者延展到切身体验网球运动,本书提供了指导性建议。

由于作者水平有限,书中疏漏之处在所难免,欢迎读者朋友批评指正,帮助我们改进提高。

编 者

| 第一章 | 网球运动的起源 .... 1 |

第一节　网球运动的起源与发展 2
　　一、网球运动孕育于法国 2
　　二、网球运动诞生于英国 2
　　三、网球运动的热潮在美国兴起 3
　　四、网球运动盛行于全世界 3

第二节　全球网球赛事体系 4
　　一、国际网球联合会赛事体系 4
　　二、国际女子网球协会赛事体系 4
　　三、世界男子职业网球协会赛事体系 5
　　四、全球网球赛季周期 5
　　五、中国区域赛季周期 5

第三节　世界顶级赛事与积分 6
　　一、ATP 世界巡回赛各级别赛事积分 6
　　二、WTA 巡回赛各级别赛事积分 7

第四节　中国网球运动的发展 7
　　一、中国网球行业 10
　　二、中国青少年网球历程 10

| 第二章 | 网球运动概述 .... 12 |

第一节　网球运动的礼仪 13

一、网球赛场礼仪 13
　　二、网球观赛礼仪 14
　　三、网球训练礼仪 15
第二节　网球设施及装备 16
　　一、网球场地 16
　　二、网球场地标准 19
　　三、网球拍 21
　　四、网球 23
第三节　网球运动的规则 25
　　一、网球运动的信任制度 25
　　二、网球比赛裁判员 26
　　三、网球比赛中伤病的规则 26
　　四、网球比赛的记分规则 27
第四节　网球球童 30
　　一、球童的主要职责 30
　　二、球童的辅助职责 31
　　三、球童的临场工作 31
　　四、中网球童的要求 33
　　五、中网球童的发展 33
　　六、中国网球公开赛球童成长计划 34
第五节　网球运动专业术语 35
　　一、按首字母列表 35
　　二、其他术语 40

第三章　网球运动的基本技术 42
第一节　网球握拍技术 43
　　一、大陆式握拍 43
　　二、东方式握拍 44
　　三、半西方握拍方式 45
　　四、西方式握拍 47
　　五、双手反手握拍 48

第二节　准备姿势 49
第三节　网球常用基本步法 49
　　一、两侧蹬跨步法 50
　　二、并步移动步法 51
　　三、左侧前交叉移动步法 51
　　四、网球移动中的垫步 52
第四节　网球中的击球技术（以右手握拍为例） 53
　　一、正手击球 53
　　二、反手击球（以双手反手为例） 56
　　三、发球技术 58
　　四、接发球技术 63
　　五、高压球技术 66
　　六、放小球技术 69
　　七、挑高球技术 72
　　八、截击球技术 75
　　九、削球技术 77
第五节　简单技术训练的基准要求 78
　　一、落地击球的基本球拍动作 79
　　二、最合适的握拍方式 79
　　三、发球的要求 79
　　四、基本的上手发球技术 80
　　五、拦网的基本动作要领 81

第四章　网球的战术策略 82

第一节　底线型战术的打法策略 83
　　一、底线型网球选手战术 83
　　二、底线型网球选手的策略 84
第二节　网前型网球选手的战术和策略 86
　　一、网前型网球选手的战术 86
　　二、网前型网球选手的策略 86
第三节　综合型网球选手的战术和策略 87

一、综合型网球选手的战术 87
　　二、综合型网球选手的策略 88
　第四节　接发球网球选手的战术和策略 89
　　一、接发球网球选手的战术 89
　　二、接发球网球选手的策略 89

第五章　网球运动与青少年健康 91

第六章　青少年网球项目运动心理 101

第一节　青少年网球心理概述 102
第二节　赛场上主观的不良心理因素 103
第三节　赛场上客观的不良心理因素 106
第四节　网球运动心理训练方法 107
第五节　提升网球运动心理素质 108

第七章　中国网球公开赛青少年培训体系 112

第一节　不同年龄阶段青少年学员的身心差异 113
　　一、6～8岁年龄段的孩子 114
　　二、9～11岁年龄段的孩子 116
　　三、12岁及以上年龄段的孩子 118
第二节　青少年网球训练阶段的划分 119
　　一、初级阶段 120
　　二、进阶阶段 120
　　三、高级阶段 120
第三节　教学课程分类 121
第四节　训练班的划分及对应训练条件 122
第五节　技术训练课课程结构 123
　　一、热身运动占课程的20% 123
　　二、技能训练占课程的50% 124
　　三、比赛情景占课程的20% 125
　　四、放松练习和家庭作业占课程的10% 126

第八章　如何选择网球器材 127

第一节　如何选择网球拍 128
一、儿童球拍尺寸的选择 128
二、儿童球拍材质的选择 129
三、儿童球拍其他属性的选择 130

第二节　如何选择网球 133
一、低压或无压型网球 134
二、常规型网球 135
三、加强型网球 135

第三节　如何选择网球线 135
一、网球线的可控性 136
二、网球线的耐用性 136

第四节　如何挑选网球服装 137
一、T恤与短裤 137
二、无袖圆领T恤 138
三、T恤与短裙 138
四、吊带衫与短裙 138

第五节　如何挑选网球包 138
一、容量 139
二、面料 139
三、背负 139
四、排汗 140
五、结构 140
六、配件 140

第六节　如何选择网球鞋 141
一、平衡 141
二、合适 142
三、缓震 142
四、重量 142

第九章　常见的网球运动损伤 144
　　一、网球肘 145
　　二、水疱 147
　　三、肌肉拉伤 148
　　四、扭伤 150
　　五、腱鞘炎 151

第十章　网球选手的科学营养配餐 153
第一节　网球选手的饮食需求 154
第二节　网球运动员的饮食成分 155
第三节　网球运动员赛前饮食补给 155
第四节　网球运动员比赛期间饮食补给 156
第五节　网球运动员赛后饮食补给 157
第六节　其他事项 158

附录 A　中国网球协会审定《网球竞赛规则》（2016） 159

附录 B　网球裁判方法 176

第一章
Chapter 01

网球运动的起源

TENNIS

第一节　网球运动的起源与发展

一、网球运动孕育于法国

追溯网球运动的起源，我们将来到 12—13 世纪的法国，当时在传教士中流行着一种独特的游戏，人们在空地上隔着一条绳子，在绳子的两侧用手掌将布包着头发制成的球往返击打。14 世纪的法国，这种运动不仅在修道院中盛行，而且出现在法国宫廷。法国国王路易十世在位时，宫廷中就经常进行这种以消遣为目的的网球运动。15 世纪发明了穿弦的球拍。16 世纪古式室内网球成为法国的国球。

二、网球运动诞生于英国

大约 1358—1360 年，这种流行于贵族之间的古老网球运动从法国传入英国，人们逐渐完善，将球拍的拍面改装成羊皮，球也由布面改成皮面，但是对于球的大小、重量并没有详细记载。1875 年，随着这项运动在运动场上风靡起来，全英槌球俱乐部在槌球场边设立了一片草地网球场；1877年，在英国伦敦郊外温布尔登设置了几片草地球场，草地网球在英国得到了进一步的开展。1877年7月，举办了首届草地网球锦标赛，即温布尔登第一届比赛。当时的球场为长方形，长度为23.77米，宽度为8.23米，至今未变。发球线离网7.92米，网中央高度为0.99米。发球员发球时，可一脚站在端线前，另一脚站在端线后，发球失误一次而不判失分；延续了古式室内网球的0、15、30、45每局计分法。现代网球运动诞生于19世纪的英国伯明翰。

三、网球运动的热潮在美国兴起

1900年，美国人戴维斯为了增进全世界网球运动员之间的友谊，捐赠了一只纯银大钵，命名为"国际草地网球挑战杯"，即"戴维斯杯"，现如今这一大钵已经成为国际网坛上声誉最高的男子团体锦标赛永久性流动杯，每年的冠军队及其队员的名字都刻在杯上。在美国传统体育运动项目中，网球是增长最快的项目。仅2008年美国的网球参与人口就创纪录地达到2700万人。网球相关产品，如球拍和网球销售量大增。在美国，绝大多数社区都建有网球场，而且免费开放，即便个别社区球场收费，也只是象征性地收取。美国网球协会是组织和主办各类网球赛事及活动的主管机构。最新统计数字显示，目前该协会拥有参加各种档次赛事的会员72.5万人。每年美国仅承办各类男、女职业网球赛就多达94场，而美国及各地方业余赛事更是数以千计。

四、网球运动盛行于全世界

1896年在雅典举办的第1届现代奥运会，总共只设置了9个正式比赛项目，其中网球是唯一的球类运动项目，第一个奥运会球类项目冠军自然也是在网球比赛中脱颖而出。1900年，第2届奥运会落户在顾拜旦的祖国法国，这一届奥运会第一次有了女子运动员参赛。来自法国、英国、美国的 12 名女运动员，参加了这次奥运会网球和高尔夫两个项目的角逐。奥运史上的首个女子冠军也产生于网球比赛。

同时网球是场地类型最丰富的运动。在所有体育运动中，没有一项运动像网球一样，有着如此之多的场地类型，其中主要的场地类型包括古典优雅的草地、浪漫火热的泥地、快速平整的硬地。20 世纪中期，网球在世界各地得到广泛发展，并成为一项世界性的体育运动。

第二节　全球网球赛事体系

全球职业网球赛事主要归属于三大国际网球单项组织，分别为上节所述的 ITF（International Tennis Federation，国际网球联合会）、WTA（Women's Tennis Association，国际女子网球协会）、ATP（Association of Tennis Professionals，世界男子职业网球协会）。

一、国际网球联合会赛事体系

ITF 由 210 个协会会员组成，其组织的赛事主要有男子团体赛戴维斯杯、女子团体赛联合会杯、男女混合赛霍普曼杯。授权参与管理的赛事包括奥运会网球项目，以及国际上历史最悠久的四大满贯赛事：澳大利亚网球公开赛（澳大利亚墨尔本）、法国网球公开赛（法国巴黎）、温布尔登网球锦标赛（英国伦敦）、美国网球公开赛（美国纽约）。除此之外，ITF 致力于青少年及元老赛事的组织，包括职业进阶巡回赛、青少年赛、元老赛以及轮椅网球和沙滩网球等其他衍生赛事。

二、国际女子网球协会赛事体系

在 2018 赛季，WTA 在全球 30 个国家和地区共举办 54 站 WTA 巡回赛赛事，其中，在北美及南美地区 12 站，欧洲、中东及非洲 24 站，亚太地区 18 站。赛事级别由高到低依次分为年终总决赛 1 站、顶级强制赛 4 站、超级精英赛 1 站、超五赛 5 站、顶级赛 12 站、国际赛 34 站。同时，WTA 还推出针对低排名选手的 125K 系列赛。在每个赛季，WTA 会根据赛事权利的转让对赛事举办地进行微调。

三、世界男子职业网球协会赛事体系

在 2018 赛季，ATP 在全球 31 个国家共举办 64 站 ATP 世界巡回赛赛事，其中，在美洲区 17 站、欧洲区 36 站、国际区 11 站。赛事级别由高到低依次分为年终总决赛 1 站、1000 大师赛 9 站、500 系列赛 13 站、250 系列赛 40 站，以及新生力量年终总决赛 1 站。同时，ATP 针对低排名选手推出了 ATP 挑战巡回赛。

四、全球网球赛季周期

全球网球赛季由每年 1 月至 11 月底，主要围绕 1 月至 2 月的澳网及系列赛、3 月至 4 月的北美及欧洲系列赛、5 月法网及系列赛（泥地球场为主）、6 月至 7 月的欧洲及温网系列赛（草地场地为主）、8 月至 9 月上旬的北美及美网系列赛、9 月中下旬至 10 月中上旬以中国为主的亚洲赛季，以及 10 月中下旬至 11 月底的欧洲室内赛季及年终总决赛。

五、中国区域赛季周期

在 2018 赛季，中国（含港澳台地区）共有 13 站 WTA 和 ATP 巡回赛的赛事权利，其中 WTA 赛事 9 站（包括香港、台湾各 1 站）、ATP 赛事 4 站。按照赛事级别划分，分为：WTA 顶级强制赛 1 站（北京）、WTA 超级精英赛 1 站（珠海）、WTA 超五赛 1 站（武汉）、

WTA 国际赛 6 站（深圳、台北、南昌、广州、天津、香港）；ATP 1000 大师赛 1 站（上海）、500 系列赛 1 站（北京）、250 系列赛 2 站（深圳、成都）。其中，中国网球公开赛是唯一一站包括女子、男子和青少年的综合性网球赛事。中国赛季赛期主要集中于 9 月中旬至 10 月中旬。中国网球公开赛赛期为中国赛季核心时间，每年横跨中国国庆黄金周假日。

第三节 世界顶级赛事与积分

"温布尔登网球锦标赛"始于 1877 年，在英国伦敦的全英草地网球和门球俱乐部举办；

"美国网球公开赛"始于 1881 年，在美国纽约的美国网协比利 - 简 - 金国家网球中心举办；

"法国网球公开赛"始于 1891 年，在法国巴黎的罗兰 - 加洛斯球场举办；

"澳大利亚网球公开赛"始于 1905 年，在澳大利亚墨尔本的墨尔本公园举办；

"ATP 年终总决赛"始于 1970 年，现在的举办地是英国伦敦的 O2 体育馆；

"WTA 年终总决赛"始于 1972 年，现在的举办地是新加坡，从 2019 年起将连续 10 年在我国深圳举办。

一、ATP 世界巡回赛各级别赛事积分

赛事级别	冠军	亚军	四强	八强	16 强	32 强	64 强	128 强
大满贯赛	2000	1400	780	430	240	130	70	10

续表

赛事级别	冠军	亚军	四强	八强	16强	32强	64强	128强
顶级强制赛（96签）	1000	650	390	215	120	65	35	10
顶级强制赛（64签）	1000	650	390	215	120	65	10	
超五赛	900	585	350	190	105	60	1	
顶级赛（56签）	470	305	185	100	55	30	1	
顶级巡回赛（32签）	470	305	185	100	55	1		
国际赛	280	180	110	60	30	1		

二、WTA 巡回赛各级别赛事积分

赛事级别	冠军	亚军	四强	八强	16强	32强	64强	128强
大满贯赛	2000	1200	720	360	180	90	45	10
1000 大师赛	1000	600	360	180	90	45	10（25）	10
500 系列赛	500	300	180	90	45	（20）		
250 系列赛	250	150	90	45	20	（10）		

第四节　中国网球运动的发展

中国的网球运动最早出现于 19 世纪中叶，当时清政府陆续开放了一些沿海通商口岸，由此大量的西方商人、传教士和驻军纷纷涌入，他们也将网球运动带进了中国。中国建立网球场的最早记载出现于英法联军侵华战争期间，1860年英军占领天津紫竹林作练兵场，随后逐渐增设田径场、足球场及网球场。1876年，上海以外侨为主的网球总会建造了两片草地网球场，这两片草地网球场是上海最早的标准网球场。

基督教会是网球运动在中国传播的主要推动力。19世纪后半叶，英法等国先后在上海、北京、天津、广州、香港等地创办教会学校，在中国大中城市里建立起基督教青年会。许多传教士和外籍教师喜欢打网球，他们的工作对象是青年学生，体育又是青年会的主要活动内容，网球运动因此在中国兴起，甚至有些县城都建起了网球场。19世纪末20世纪初，中国的很多大学里都建起了网球场，如上海的圣约翰大学、沪江大学、震旦大学，北京的清华学校、燕京大学、协和医科大学，广东岭南大学、广州夏葛医科大学、苏州东吴大学、长沙雅礼大学、山东齐鲁大学、四川华西协和大学、浙江大学。到了20世纪20年代，网球运动已在全国各地开展起来，一些公共体育场都有网球设施。1929年，国民政府公布《国民体育法》，要求"各自治之村、乡、镇、市必须设置公共体育场"，并规定球类项目场地包括网球场。安徽等省明令要求：县公共体育场内网球场至少两片。这对推动网球运动在中国的开展起到了良好的作用。历史资料表明，国民政府时期（1925年7月1日—1948年5月20日），除边远地区外，中国各省市都有一些县城建成网球场并开展活动，其中以学生和教师居多，还有外侨及当地社会上层人士。

1910年在南京举行的第一届全国运动会，共有4项比赛，网球就是其中之一，另外3项是足球、篮球、田径。从第三届开始又增加了女子网球项目。1924年到1946年，中国选手共参加了6次戴维斯杯网球赛。

网球运动在中国兴起后，各大城市相继出现网球会和俱乐部组织，都是由一些社会团体和网球爱好者自发组成。这种组织在上海和北京最多，天津、青岛、太原、南京、武汉、广州、重庆、昆明、成都有一些。1931年，中华全国体育促进会组织成立中华网球会，开展活动参与比赛。20世纪30年代，上海网球运动开展得十分活跃，但仍以外侨为主。那时外国球会有：日本网球会、花旗总会、葡萄牙总会、法商总会、斜桥总会等。还有许多华人网球会，如万国、友谊、华光、中央、青年会等，以及银行、海关、邮局的网球组织。中华网球会由于有了邱飞海、林宝华等高手，屡屡战胜外国球员，多次夺得团体和单、双打冠军。中华人民共和国成立后，部分网球场仍然开展活动，还经常组织一些小型的网球比赛。1953年，在天津举行的四项球类运动会中就有网球比赛。1956年成立中国网球协会，定期举行全国网球等级赛，举办全国单项比赛。1958年，我国首次派代表团参加了在伦敦举行的温布尔登网球锦标赛。

1981年，中国第一次参加联合会杯

1984年，李德鹏（四川）成为第一位参加奥运会网球项目的中国选手

1990年，潘兵（湖北）在北京亚运会上为中国网球赢得了第一枚亚运会男单金牌。孟强华（北京）和夏嘉平（上海）夺得男双冠军

1994年，潘兵在广岛亚运会上卫冕男单冠军

2001年，李娜（湖北）在北京大运会上夺得女单冠军，并搭档李婷（湖北）获得女双冠军

2004年，孙胜男（解放军）获得澳网青少年女双冠军，成为第一位夺得大满贯冠军的中国选手

2004年，李婷、孙甜甜（河南）成为第一对夺得奥运网球金牌的中国选手

2006年，郑洁（四川）、晏紫（四川）在澳网成为第一对夺得大满贯冠军的中国选手，并在温网再次夺冠

2008年，孙甜甜搭档塞尔维亚选手泽蒙季奇，获得澳网混双冠军

2011 年，李娜成为中国首个夺得大满贯单打冠军的选手

2013 年，彭帅（天津）搭档中国台北选手谢淑薇，夺得温网女双冠军，并在同年 10 月夺得 WTA 年终总决赛的女双冠军

2014 年，李娜夺得澳网女单冠军，获得个人的第二个大满贯单打冠军

2014 年 2 月 17 日，彭帅首次登顶 WTA 女双世界第一，并保持 20 周

2014 年，彭帅与谢淑薇一起夺得法网女双冠军

2014 年，叶秋语（浙江）夺得温网青少年女双冠军

2017 年，赵灵熙（天津）夺得澳网青少年男双冠军

2017 年，吴易昺（浙江）在美网同时获得青少年男单和男双冠军，并登顶青少年男子世界第一

2018 年，王欣瑜（广东）夺得澳网青少年女双冠军

一、中国网球行业

中国网球协会在北京奥运会后发布数据称，当时中国的网球人口是 812 万。据目前官方统计，国内有 1000 万以上的网球人口长期进行网球运动，可以参赛的人口估计应该有 300 万人，这个数字还在不断增加。网球是中产阶级运动，未来中国网球人口也将主要来自中产阶级。《经济学人》预计，2020 年中国中产阶级人口将突破 4.7 亿，中国未来网球人口有望超过 3000 万。预计中国网球产业价值会超过 600 亿元。

二、中国青少年网球历程

20 世纪中期，网球在世界各地得到广泛发展，并成为一项世界性的体育运动。1885 年前后，网球运动传入中国。先是上海、广州等大城市的外国传教士和商人之间出现网球活动，后来一些教会学校也开

展了这项运动。1898 年，上海圣约翰书院举行斯坦豪斯杯赛，这是中国网球史上最早的校内比赛。1906 年，北京汇文学校、协和书院、清华学校之间，上海圣约翰大学、南洋公学、沪江大学，以及南京、广州、香港的一些学校开始举行校际网球赛，促进了网球运动在中国的传播。

从 1924 年到 1946 年中国虽 6 次派队参加戴维斯杯比赛，多是在第一、二轮被淘汰，技术、战术水平较低。中华人民共和国成立后，网球运动在起点低、基础差、交往少的情况下逐渐发展，1953 年在天津首次举办了包括网球在内的四项球类运动会（篮、排、网、羽），1956 年举办全国网球锦标赛，后来全国网球等级联赛定期举行，并实行升降级制度，定期举办全国网球单项比赛、全国青少年网球比赛等，这些竞赛对促进网球技术水平的提高起到了积极的推动作用。

第二章
Chapter 02

网球运动概述

TENNIS

第二章 网球运动概述

第一节 网球运动的礼仪

网球是一项高雅、绅士的运动，无论在网球场上还是在网球场外，良好的仪态和得体的礼节是一个网球爱好者好品行、高素养的表现。礼仪本身就是网球这项运动充满魅力的原因之一。

一、网球赛场礼仪

参加网球比赛的球员在赛场应遵守赛场礼仪，在赛前练球热身过程中有义务为对方的练习提供帮助，任何有意妨碍对方练习的做法都是有失风度的；比赛结束的时候，无论胜负都应该主动和裁判及对手真诚地握手；球场上不可摔球拍，不可用脚踢球。

在比赛中，当对手打出了自己很难击出的漂亮得分球时，应用手轻拍球拍，为对手喝彩。如果打出一记幸运球（Lucky Ball——球擦网后，改变方向和速度，落在对方场内，一般对手接不住），要说声"Sorry"或举拍示意，将球拍面向对手表示歉意。

网球运动参赛和训练时，男选手请穿 T 恤衫和网球短裤，女选手穿中袖或无袖上衣及短裙或连衣短裙，特殊情况除外。网球服饰通常以白色为主。严禁在赛场上脱上衣，袒露身体。进入网球场一般穿专用的网球鞋，不允许穿皮鞋、钉鞋等有损球场表面平整的鞋，特别是女士的高跟鞋，绝对禁止进入场地；赤脚和赤脚穿鞋入场打球是会被认为有失雅观的。

二、网球观赛礼仪

观看网球比赛的观众应遵守观赛礼仪，在网球比赛前进入观众席就座，比赛进行中不得走动或退场。如果观看网球比赛时迟到，应该在球员休息的时候进场，以免影响球员的注意力，干扰比赛；同样，如果在观看比赛的时候离开观众席，也要在球员休息的时候离开。

在网球比赛中，选手发球的时候，不要使用闪光灯拍照，更不要发出声响，避免对选手造成干扰；观看比赛时应尽量避免携带能发出声音的物品或关掉其声音。从球员开始准备发球到一分结束，观众最好不要随意交谈、吃东西、叫好、喝彩、鼓掌。

服从网球赛场裁判人员的劝告，当听到裁判员要求观众安静的时候，应立即停止鼓掌，保持赛场安静。观众不得随便进入正在比赛的场地，更不要与工作中的裁判员、工作人员谈话，以免影响比赛的正常进行。落入观众席的球，不可立即扔回赛场，等判定胜负一分时扔回，更不能向赛场扔其他物品。

三、网球训练礼仪

网球选手在日常练球时应当遵守训练礼仪，不要急着捡球。初学打网球时肯定会出现满场找球的场面，但是当你的球滚入邻场而邻场的球员正在练球时，请耐心等待别人击球结束。此时你若贸然入场捡球，不仅会影响其他选手练习网球，还可能遭到"飞来横祸"——自己被网球击中。当他人帮你捡球时，不要忘记说一声"谢谢"。

要发球时先看一看对方是否已做好了接球的准备，最好将球举起来示意一下。不要连看都不看就将球发出去。练球时，当你击球出界或还击下网时，尽管你不是有意如此，但也应该向对方说声"Sorry"，最好用英文，这样会让你显得更加绅士。细心的读者会发现"谢谢"和"对不起"是网球场上使用频率最高的两个词。

网球比赛中的隔离球网，忠心耿耿地为双方做着"分界员"，所以不要从球网上面跨过，当然，也请训练人员不要触压球网，否则网绳很容易因禁不住压力而断掉；练球时，当对方的回球靠近底线时，应主动告诉对方他打过来的球是"In"或"Out"。如果是界外球，这时选手通常会单手竖起食指向上，向对方示意"这个球出界了"。这一动作来源于职业赛场上，当球员对主裁判的判罚提出异议的时候，便会做出这个动作表示要求"挑战"，即鹰眼回放。

第二节 网球设施及装备

一、网球场地

网球场可以分为室内和室外两种，根据场地地面材质又分为草地、硬地、泥地和地毯。网球场应为长78英尺（23.77米）、宽27英尺（8.23米）的矩形，中间由一条挂在最大直径为1/3英寸（0.8厘米）粗的绳索或钢丝绳上的球网分开。

（一）草地球场

草地球场是历史最悠久、最具传统意义的场地，其特点是球落地时同场地摩擦小，球的反弹速度快且不规则，因而对于球员的反应、奔跑的速度和技巧要求非常高。但是草地球场对于草的特性和规格有严格要求，加上气候的限制、维修和保养的费用昂贵等，很难被推广至世界各地。目前很少的几个草地职业赛事几乎都是在英伦三岛上举行，网球四大满贯之一的温布尔登网球锦标赛是最古老，也是最负盛名的一项草场赛事。

（二）硬地球场

硬地是最普通、最常见的比赛场地，目前世界上绝大部分的网球赛事都是在硬地网球场上进行的。网球四大满贯赛事当中，美国网球公开赛和澳大利亚网球公开赛都是在硬地上进行的，中国网球公开赛也是在硬地上举行的。硬地网球场一般由水泥和沥青铺垫而成，其上涂有塑胶面层。场地表面平整，硬度高，球的弹跳非常有规律，但反弹速度很快。许多优秀网球运动员认为，硬地网球更具爆发力，而且由于一个赛季中大部分的比赛都是在硬地上进行，因此需要格外重视。不过，硬地表面的反作用强而僵硬，容易对运动员造成伤害。

（三）泥地球场

相较于硬地，泥地场地的球速比较慢，这样有利于底线上旋球高手的发挥。四大满贯之一的法国网球公开赛是其中最典型的代表。这种场地的特点是球同场地表面的摩擦比较大，因而球速慢，来回弹跳次数多，这就要求球员要拥有比在其他场地上更出色的体能、奔跑和移动的速度以及更顽强的意志品质。在这种场地上比赛，对于球员的底线相持技术是个考验，球员往往要付出更大的体力消耗，耐心与对手周旋。获胜一方往往不是发球上网型的凶悍球员，而是在底线艰苦奋斗的一方。此外，球员在跑动中击球或救球时，经常会出现滑步，这是泥地上独具的优美风景，也是泥地作战必须学会的技巧之一。

二、网球场地标准

（一）标准网球场

一片标准网球场地的占地面积不小于 670 平方米（南北长 36.6 米 × 东西宽 18.3 米），这一尺寸也是一片标准网球场地四周围挡网或室内建筑内墙面的净尺寸。在这个面积内，有效双打场地的标准尺寸是 23.77 米（长）×10.98 米（宽），在每条端线后应留有余地不小于 6.40 米，在每条边线外应留有余地不小于 3.66 米。在球场安装网柱，两柱中心测量，柱间距是 12.80 米，网柱顶端距地面是 0.914 米。

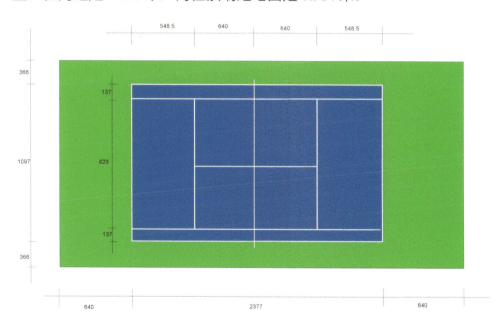

单双打两用场地上悬挂双打球网进行单打比赛时，网球网应该由两根高度为 3 英尺 6 英寸（约 1.07 米）的"单打支杆"支撑，该支杆截面应是边长小于 3 英寸（约 7.5 厘米）的正方形方柱或直径小于 3 英寸（约 7.5 厘米）的圆柱。每侧单打支杆的中点应距单打边线 3 英尺（约 0.914 米）。

球网需要充分拉开，以便能够有效填补两根支柱之间的空间，并有效打开所有网孔，网孔大小要能防止球从球网中间穿过。球网中点的高度应该是 3 英尺（即 0.914 米），并且用不超过 2 英寸（约 5 厘米）

宽的完全是白色的网带向下绷紧固定。球网上端的网绳或钢丝绳要用一条白色的网带包裹住，每一面的宽度介于 2 英寸（约 5 厘米）到 2.5 英寸（即 6.35 厘米）。

（二）青少年网球场

1. 红色网球场和球网

红色网球场能刚好放在标准球场的发球线和底线之间，因为它的长度是普通球场双打边线的宽度。标准球场发球线到底线的长度是红色球场的宽度。便携式球网或胶带会穿过红色球场。中心发球线和发球标记应用漆喷线、标记线或胶带画出来。标准球场的底线到球场隔离网的距离可以放下 6 个红色球场。红色球场的发球区要比后场大，这让小球员发球和接球更容易。球网的高度必须与孩子的高度相符。红色球场降低了球网的高度，这个高度还可以再降，以帮助更小的球员训练。

2. 橙色网球场和网球

橙色网球场，球场长度为 18 米，宽度为 6.5 米。使用橙色球场和球网的小球员通常较高大强壮，因此他们需要一个更大的球场。橙色球场可在标准球场上用漆喷线、标记线或胶带画出来。在标准球场的任意一端，于底线和发球线中间画一条线作为橙色球场的底线（这条线也是红色球场在标准球场后场的中心发球线）。橙色边线是在标准球场单打边线内90厘米处，因此橙色球场只有6.5米宽。而对橙色球场的双打球场而言，标准球场单打边线是橙色球场单打和双打间场区的外线，单打和双打间场区的宽度为90厘米。橙色球场符合8～10岁的孩子的身材大小和能力水平。美国的橙色球场的球网是标准球网，但高度应该降低至80厘米。

三、网球拍

（一）球拍材质

网球运动最早在法国的时候，人们还缺乏"网球拍"的概念，他们戴着手套用手来击打网球；进入英国后，又流行过用羊皮作为拍面的椭圆形网球拍。直到1874年，现代网球拍始祖英国人温菲尔德为网球拍定了标准，长手柄、泪滴形拍头加网线的模式才被固定下来，直到现在形状都没什么变化。

最早的现代网球拍是木头制成的，在风靡百年后被金属材料取代，铁用于网球拍后使得硬度大大提高，后来出现的特质铝合金硬度更好，且重量可控，拍子也达到了现在的大小；目前主流的材料是碳素纤维，它也用于航空航天和F1赛车领域，除了具有金属材料的优点，还具有更强的可塑性，硬度、重量最优异。

制作网球拍，不只是原料，工艺也很重要。同样是利用碳素纤维，也能做出性能各异的球拍，它的制作流程是这样的：由于球拍是空心的，首先，要把线状的碳素纤维"织成布"，然后把"碳素布"卷起来，里面充进空气。这样，不同位置会有不同层数的"布"，这些"布"还会以不同角度交叉使用，这种不同的组合方式决定了球拍的性能。

如今，金属材料也渐渐让位给了碳素纤维。除了这几种材料，科学家还曾尝试过防弹服材料、在拍框内注水等方式来改进网球拍的性能，未来随着科学技术的不断创新，新材料的出现也会为网球运动带来新的变革。

（二）网球拍的重量

网球拍一般分为 L（轻，11～13 盎司）、LM（中轻）、M（中，13.5～13.75 盎司）和 T（重，14～15 盎司）4 档。之所以分为 4 个级别，是根据网球选手的臂力和体力情况决定的，初学者一般选轻或中的为好。（注：1 盎司等于 28.35 克）太重的球拍会使球员在挥拍时动作迟钝，动作不到位时容易拉伤身体，患上网球肘。相反，太轻的球拍则不易应付强球，也容易翻拍。

（三）网球拍的网线

与网球拍一样，网球拍上的网线也有多种材料，如尼龙、聚酯纤维及天然肠体。每种材料根据不同制造方法，会有粗细软硬的差异。一般说来，相同材质工艺情况下，粗线较耐用，而细线软线手感更好。

（四）网球拍的使用

球拍的设计原则在很大程度上依赖于选手的类型和级别的高低。其原则包括力量、操控性、舒适性以及机械故障等。

第一个使用原则就是"为了更快，使用网线"。网线在受到冲击后能够恢复约 90% 的变形能量，而单独的球（在硬表面上回弹）只能恢复 45% 的能量（Brody，1995）。另外，球拍框架变形的能量没有及时回复给球，增加球的能量，意味着任一球拍在受到冲击时网线产生的最大程度的变形，比网球或框架变形更增加了动力；另一个影响动力的因素是质量分布，尽管质量分布很难达到最优值，但是原理比较简单，即轻球拍摆动得快，增加击球速度；而重球拍摆动得慢，但由于质量增大，同样可以导致球速增加，特别是如果增加的质量加在击球点上时，更是如此。因此，在设计球拍时，既要质量足够小，能够高速摆动和击打，同时又要有足够的质量，以最优化网球的回弹特性。

第二个使用原则是操控性。具有较高的抗扭稳定性的小型的头部和框架常常具有较好的操控能力，因为网线和框架的偏转角度较小。偏离球拍中心的击打产生较大角度的偏转，将导致网球离开网线时的回弹角度大于平滑表面所产生的完美的回弹角度。这种细小的区别可能导致选手在赛场上比赛时发生较大的失误。

第三个使用原则是舒适性。每位网球选手对使用球拍的舒适度都有自己不同的感受，这使将球员的反馈信息转变为实际的设计参数非常困难。迄今为止，球员们的注意力主要集中在减少对球拍的冲击以及由此产生的摆动幅度上。较刚硬的球拍与以前球员常用的老式拇指球拍相比往往具有较低的抗震性能，因此各式附件用来提供额外的抗震性能。

第四个使用原则是避免损伤。在高水平的比赛中所用的球拍通常在所要求的范围内被设计得尽可能的长，碳纤维的引入，使球拍在性能和强度上发生了巨大的飞跃，球拍的内部强度问题主要与拍架主体、收口部分及球拍的尖端部分的连接有关，此处受到来自网线的力最大，但大部分的制造商都通过加固此部位而解决了这一问题。

四、网球

（一）标准网球

网球直径在 6.541～6.858 厘米之间，重量在 56.7～58.5 克之间。在从 100 英寸（即 254 厘米）的高度向混凝土地面作自由落体运动时，反弹的高度应该介于 53 英寸（即 134.62 厘米）和 58 英寸（即 147.32 厘米）之间。当在球上施加 18 磅（即 8.165 公斤）的压力时，向内发生弹性形变应该介于 0.22 英寸（即 0.559 厘米）和 0.29 英寸（即 0.737 厘米）之间，压缩后反弹形变的范围应该介于 0.315 英寸（即 0.8 厘米）和 0.425 英寸（即 1.08 厘米）之间。这两种形变数据应该是测试球的三个轴后得到的平均值。在每一种情况下任何两个数据之间的差异不能大于 0.03 英寸（即 0.076 厘米）。

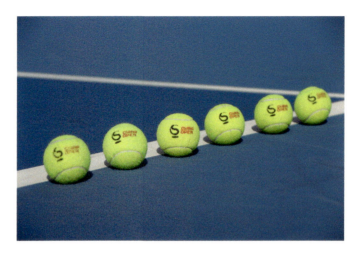

(二)青少年网球

青少年的网球教学比较有针对性和细化,所选用的球根据气压和大小不同分为红色、橙色、绿色3种,并匹配相应年龄段分为RED学员(使用红色球)、ORANGE学员(使用橙色球)和GREEN学员(使用绿色球)训练。

在橙色球阶段,场地变得更大了,所使用的橙色球气压也从红色球的25%提升为50%,更加贴近气压为75%的绿色球,在青少年网球教学上相较红色球教学也更加注重技术层面;绿色球(75%的气压)阶段,更加贴近标准网球的球速和场地大小。

第三节 网球运动的规则

一、网球运动的信任制度

网球比赛被称为"绅士运动",而最能体现网球运动职业道德的比赛,要算是没有裁判员执法的比赛。在网球比赛中,将这种没有裁判员执法的比赛方法称为"信任制"。目前,国际上流行的奖金或级别稍低的比赛和青年比赛多采用这种比赛方法。在信任制的比赛中,应注意以下事项:

(1)运动员应独立确定本场地区域的界内和界外球,而不应该得到外界(如观众)的帮助。

(2)运动员有责任和义务呼报对方击过来的球,并当对方询问是否出界时给予正确的答复。

(3)任何呼报,如"出界""失误"或"重赛"等,必须要及时;如有迟疑,将被认为是好球,应该继续比赛。任何不能呼报出界的球,应被视为是好球,运动员不能因为自己未看清楚而要求重赛。

(4)如果时间和场地地面允许(如沙土地面),运动员在一分钟结束后,对于近三线球应仔细观察并作出相应的判断。

(5)在双打比赛中,同队选手中一人说出界,而另一个人说好球,两人之间对球判断的分歧,意味着应认为该球是好球。

(6)无论是在何种情况下,一旦呼报"出界""失误"或"擦网",则双方都应停止击球。

(7)在双打比赛接发球时,未接球的一名选手负责呼报发球线,接发球者负责呼报边线和中线。当然,如果任何一位选手能准确判断的话,也可以呼报。

二、网球比赛裁判员

正规网球比赛，一共有 12 位裁判。其中，1 位主裁判，1 位司网员，4 位边线裁判，2 位底线裁判，2 位发球中线裁判，2 位发球线裁判。另外还有 6 个球童。场上所有裁判和球童，除主裁判外，每 1 小时要换 1 次，以确保裁判及服务人员得以休息，准确裁决。具体交换时间是在距 1 小时左右最近的一次交换场地时进行。

近些年来，随着球速的提高，有些比赛在边线发球线远端安装了一种电子检测仪，当球出界时，它会发出提示音，提高了裁判对比赛裁决的准确性。

三、网球比赛中伤病的规则

网球比赛中，伤害事故会经常发生，尤其是那些多年从事网球运动的选手。除因体力不支造成的抽筋外，所有的意外伤害，运动员都可要求一次 3 分钟治疗，治疗可马上进行或等到该局结束后进行，3 分钟的时间应从医务人员到场治疗时开始计算，但不应包括恢复性的按摩；若运动员在 3 分钟治疗后仍不能进行比赛，则应按三级罚分制处理；但对因伤害或体力等原因造成的终止比赛，不对运动员进行罚款；对每一次新的伤害，运动员都可要求 3 分钟治疗，但不包括上一次治疗的伤害部位。

四、网球比赛的记分规则

（一）网球记分的起源

网球记分方法要追溯到网球运动的起源，网球是在 14 世纪起源于法国路易斯王朝时代，在宫廷中举行的"jeude paume"（意为"用手掌击球的游戏"）。后来在 19 世纪引进英国，改良在草皮上举行。因为最原始的网球运动起源于宫廷之中，所以计分方法就地取材，宫廷用可以拨动的时钟来计分，每得一次分就将时钟转动 1/4，也就是 15 分钟（a quarter，一刻），同理，得两次分就将时钟转动 30 分钟，当然一切都是以他们的方便为基础。这就是 15 分、30 分的由来。至于 40 分，它比较怪异，它不是 15 的倍数。这是因为在英文中，15 念作"fifteen"，为双音节，而 30 念作"thirty"，也是双音节；但是 45，英文念作"forty-five"，变成了三个音节，当时英国人觉得有点拗口，也不符合"方便"的原则，于是就把它改成同为双音节的 40 分（forty）。这就是看来不合逻辑的 40 分的由来。虽然这样的计分方法看来有些奇怪，但还是依循传统沿用至今，毕竟大家都已经习惯了这种来自宫廷的计分方法。

当然，对于网球记分的另一种解释为：人们对于网球记分 15、30、40 这三个数字决不是随意选用的，经研究后认为，这三个数字一定是当时那些打网球的人所熟悉或使用的测算单位，是参照天文的六分仪而来的。六分仪与 1/6 个圆一样，共有 60 度，每度分为 60 分，每分又分为 60 秒。当时的网球赛每局就有 4 分，4 个 15 分为一度，和 4 个 15 度构成 1/6 个圆一样，采用 15 为基数以计算每一分球的得失。至于 45 改成 40，是为了报分发音的简便。早期的网球赛每盘为 4 局，每局有 4 分，17 世纪初改成了每盘 6 局，这个规则至今未变。

（二）网球比赛"胜一分"

遇到下列情况时，判对方胜 1 分：

（1）发球员连续两次发球失误或脚误。

（2）接球员在发来的球没有着地前球触及自己的身体及所穿戴的衣物。

（3）在球第二次落地前未能还击过网。

（4）球触及地面、固定物或其他物件。

（5）还击空中球失败。

（6）比赛中，击球员故意用球拍拖带或接住球，或故意用球拍触球超过一次。

（7）"活球"期间，运动员的身体、球拍（不论是否握在手中）或穿戴的其他物件触及球网、网柱、单打支柱、绳或钢丝绳、中心带、网边白布或对方场区以内的场地地面。

（8）还击尚未过网的空中球（过网击球）。除握在手中（不论单手或双手）的球拍外，运动员身体或穿戴的物体触球。

（9）抛拍击球时。

（10）比赛进行中，运动员故意改变其球拍形状。

（三）胜一局

（1）运动员每胜一球得 1 分，先胜 4 分者胜一局。

（2）遇双方各得 3 分时，则为"平分"（deuce）。"平分"后，一方先得 1 分时，为"接球占先"（advantage serve）或"发球占先"（advantage）。

（3）占先后再得 1 分，才算胜一局。（其中得 1 分为 fifteen，2 分为 thirty，3 分为 forty）

（四）胜一盘

一方先胜 6 局为胜一盘，遇双方各胜 5 局时，一方必须净胜两局才算胜一盘。

（五）平局决胜（tie break，也称抢七）

在每盘的局数为 6 平时，进行决胜局，先得 7 分为胜该局及该盘，若分数为 6 平时，一方须净胜 2 分。

决胜局计分制在每盘的局数为 6 平时，有以下两种计分制：

1. 长盘制

一方净胜两局为胜 1 盘。

2. 短盘制

决胜盘除外，除非赛前另有规定，一般应按以下办法执行。

（1）先得 7 分者为胜该局及该盘（若分数为 6 平时，一方须净胜两分）。

（2）首先发球的球员发第 1 分球，对方发第 2、3 分球，然后轮流发两分球，直到比赛结束。

（3）第 1 分球在右区发，第 2 分球在左区发，第 3 分球在右区发。

（4）每 6 分球和决胜局结束都要交换场地。

3. 短盘制的计分

（1）第 1 个球（0：0），发球员 A 发 1 分球，1 分球之后换发球。

（2）第 2、3 个球（报 1：0 或 0：1，不报 15：0 或 0：15），由 B 发球，B 连发两分球后换发球，先从左区发球。

（3）第 4、5 个球（报 3：0 或 1：2，2：1，不报 40：0 或 15：30，30：15），由 A 发球，A 连发两球后换发球后换发球，先从左区发球。

（4）第 6、7 个球（报 3：3 或 2：4，4：2 或 1：5，5：1 或 6：0，0：6），由 B 发 1 分球之后交换场地，若比赛未结束，B 继续发第 7 个球。

（5）比分打到 5：5，6：6，7：7，8：8，……时，需连胜两分才能决定谁为胜方。但在记分表上统一写为 7：6。

（6）决胜局打完之后，双方队员交换场地。

（六）盘中的计分

（1）一方运动员先取得 6 局的胜利即赢得一盘；除此以外，他必须还要净胜他的对手两局，在这种情况下，一盘的比赛可能一直延续，直到达到净胜两局的情况为止。（通常称为"长盘"比赛）

（2）假如在比赛前提前决定，也可以采用平局决胜局制的计分替代"（一）"中的比赛规则。在这种情况下，将按照下面的规则进行：

当比赛的比分为局数 6∶6 时采用平局决胜局制计分，除非事先声明，否则三盘两胜制比赛的第三盘或五盘三胜制比赛的第五盘仍按普通的"长局"进行。

第四节 网球球童

球童（Ballkid）一词的概念，最早出现于 1998 年法国世界杯，这些孩子由全球多个国家和地方选送，代表全世界的孩子出现在世界杯比赛现场，象征体育竞技"友谊第一"的主旨。

网球运动源于项目的贵族血统，使用服务人员是很容易理解的，这种传统沿用了下来，慢慢地演化为球童；而且在现代的网球运动中，球童的使用与否和数目，直接由赛事的级别决定；一般的低级别比赛里面甚至不设球童，越大的赛事起用的球童越多，且定时更换。

球童在大型网球比赛中扮演着不可缺少的角色，服务球员的同时还要保证赛事更顺畅地进行。作为一名合格的球童必须熟悉网球比赛规则，比如双方运动员何时交换发球、交换场地，只有清楚地了解这些知识，才能在没有主裁的提示下结合实际情况，将球送到正确的场地一边。

一、球童的主要职责

捡球和传球是球童的主要职责。捡球要求动作迅速，在球成为死球后，需第一时间将场地内网球捡起。传球分为两个方面，一是将球提供给运动员，二是传导给网前的球童，再由其选择适当的时机传到发球侧底线。传球过程中要屈身将球沿地面以地滚球的方式传导到另一名同伴手中。传导球的轨道和边线平行，距离边线一米，球不可以斜穿球场。

二、球童的辅助职责

除了捡球和传球外,球童要听主裁的指挥,帮主裁传递东西和传递信息给场上其他裁判员,以免主裁上下裁判椅的麻烦;帮助运动员拿毛巾、递水,为运动员撑阳伞;当运动员交换场地休息时,网前的两名球童要面向主裁和运动员站立,以便与主裁交流或随时为运动员服务。

三、球童的临场工作

网球球童在实际工作中,网前与后场球童分工有明确划分,通常一场比赛的球童最多为6人,最少为1人。人数的多少取决于比赛的规模、等级和组织需要。

6人制球童的站位为:底线两端各两名,网前两名。底线球童呈跨立姿势，双手自然背到身后。一分结束后，发球侧底线球童的惯用手竖直贴耳，另一只手向身前伸直，时刻准备着给球员供球，同时也便于让运动员知道手中球剩余的数量。当运动员点头示意要球时，屈臂降肘，将球以一个抛物线抛出，弹地一下后，到达运动员腰部的位置，使其非持拍手舒服地接到来球。如手中无球，则双手在体前摊开，呈无球展示动作以告知运动员。网前球童是蹲是站，要根据观众席高度决定。如网前球童站立时不会影响观众的视线则不必蹲下，否则，必须蹲于网柱后面，做百米起跑状。一般而言，网前球童要保持在网柱两边，当一方跑动捡球时，另一方要与其交叉换位。当然，无论是采用几人制，球童应该和司线员一样，在规定时间内或局数内交替上场。

中国网球公开赛球童（China Open Ballkid）是指在中国网球公开赛（以下有时简称中网）中根据网球规则，为球员提供捡球和供球等相应服务的青少年。作为保障网球赛事核心的竞赛人员，球童要身手敏捷、头脑灵活，专注场上球员需求，要有团队意识，服务中懂得配合，还要有较好的体力和耐力。

四、中网球童的要求

1. 基本职责要求

按照网球规则将网球捡起,并在球员热身、发球、分与分之间以及换边时向球员提供相应的服务,包括但不限于:捡球、供球、球拍穿线、回收垃圾、撑伞、递毛巾和饮料等。

2. 选拔要求

(1)年龄 9～16 岁。

(2)身高 145～175 厘米。

(3)了解网球规则。

(4)有一定英文基础。

(5)具备运动天赋。

五、中网球童的发展

2010 年中国网球公开赛首次启用青少年担任球童。

2012 年中国网球公开赛公开向社会招募球童。

2013 年 1 月中国网球公开赛第一次选派优秀球童与澳大利亚网球公开赛交流合作。

2014 年 5 月中国网球公开赛第一次与法国网球公开赛公开互派优秀球童交流合作。

2015 年 9 月中国网球公开赛首次开放球童体验区。

2016 年 7 月球童管理团队组建第一批球童培训师团队。

2017 年 4 月中国人寿为中网球童提供独家冠名支持,全程参加球童全国海选、暑期训练营、中网赛期服务以及中网球童大满贯之行,并和中网一起为球童提出"菁英梦想 托付由我"的新口号。

每一个球童是平凡的赛事保障人员,但也同样是菁英梦想的拥有者。正是因为每个人都拥有追求卓越的梦想,球童队伍才可以将竞赛保障的责任托付给每一个球童，即将退役的老球童们也可以将梦想托付在新球童的身上继续延续，而中网这个赛事也才可以放心将竞赛保障的重任托付给中网球童这个卓越的团体。

六、中国网球公开赛球童成长计划

中网球童成长计划是由中国网球公开赛发起的集运动、交流、公益于一身的球童项目。中网球童成长计划包括报名与招募、全国球童选拔训练营、暑期集训、中网赛事服务、大满贯国际交流五大板块。

1. 全国球童选拔训练营

自 2012 年开始，中网向社会公开招募球童，选拔共吸引超过一万名青少年报名和参与，选拔城市覆盖了北京、天津、上海、广州、深圳、武汉、成都、重庆、长春、南京、石家庄、呼和浩特等十多个城市。

2018 年中国人寿·中网球童全国选拔训练营城市首次达到两位数，共设置 10 站：北京、石家庄、郑州、广州、成都、长沙、长春、南昌、上海、济南。除了增设选拔城市，今年每站训练营入围球童人数也创造新高，每站选拔入围孩子将由 240 名增加到 280 名，让更多孩子来到训练营中去实现自己的球童梦。

2. 暑期集训

中网球童的暑期集训在每年的夏天举行，这是中网球童项目中最重要的环节之一。所有通过选拔训练营考核的球童们将在培训师的指导下进行专业训练，以达到服务中国网球公开赛的水准。

3. 中网赛事服务

通过暑期集训考核的共有 180 名球童可以进入中国网球公开赛服务，其中有来自 4 名澳大利亚网球公开赛的球童、4 名来自法国网球公开赛的球童加入中网球童队伍交流、服务。中网的钻石球场，成为了球童们立志达到的目标。在赛期，每一个球童在每一天、每一块场地的每一次表现也都将接受中网球童评估师的观察和评估。只有每天表现最好的球童,才有资格站上钻石球场;而只有那些表现最好的球童,才能在逐日减少的赛程和场次中,留到最后。中网球童不仅肩负着竞赛保障的职责,更有丰富多彩的球员互动等活动可以参加。

4. 大满贯国际交流

来自澳网和法网的评估师每年会亲自来到中国网球公开赛现场,挑选出总共 10 名最佳球童,前往第二年的澳网和法网赛场服务。2013 年 1 月中国网球公开赛第一次选派优秀球童与澳大利亚网球公开赛交流合作,2014 年 5 月中国网球公开赛第一次与法国网球公开赛公开互派优秀球童交流合作。

第五节 网球运动专业术语

一、按首字母列表

A	
approach shot 上网球 attacking return 攻击性回击球 asphalt courts 沥青球场 advantage 领先 alternate service 换发球 alley 单打与双打之间的场区 all 平(比分相同)	
B	
back-hand 反手击球 back-hand volley 反手截击	blocked return 堵截回击球 bodyline ball 贴身球

back-hand half-volley 反手半截击	base line 底线
back-hand drop shot 反手放小球	ballkid 球童
ball 网球	ball change 换球
ball sense 球感	bye 轮空
ball control 控球技术	be quiet 安静

C	D
chip shot 削球	doubles 双打
cement courts 三合土球场	double-handed backhand 双手反手击球
center service line 中线	drop shot 短球
clay courts 泥地球场	depth shot 打深度球
centre mark 中点	down-the-line shot 落底线球
consistency 稳定性	driven return 抽击回击球
court surfaces 场地面层	duce 平分
cross-court shot 斜线球	double hit 在一次挥拍中球碰撞球拍两次
change sides 换边	double fault 双误
championship 锦标赛	double bounces 球弹地两次
champion 冠军	default 违例判负
correction 更正	
chair-umpire 主裁判	

	disqualify 取消比赛资格
	double elimination tournament 双打淘汰赛
E	**F**
event begins 赛事开始 exhibition 表演赛 eastern forehand 东方式正手	forehand 正手 forehand volley 正手截击球 forehand half-volley 正手半截击球 footwork 步法 foot fault 脚误 faults （发球）失误 fitness 状态 first service 第一发球 follow-through 跟进动作 foul shot 技术犯规 fifteen 15 forty 40
G	**H**
grip 握拍姿势 grass courts 草地球场 grab-punch position 截击位置 ground stroke 弹地球 game 局 good ball 好球 good return 有效回击	half-volley 半截击球 hitting the ball 击球 hand signal 手势 hindrance 妨碍
I	**J**
interference 干扰	just out 刚好出界
K	**L**
knock-out 淘汰赛	lob 挑高球

		low volley 低截击球
		let 发球时球触网
		L
		love 0 分
		linesman 司线员
M		N
	mental skills 心理状态	net 球网
	mixed 混双	net-post 网柱
	make the draw 抽签	net-cord judge 球网裁判员
		no-man's-land 真空地带
		not up 球在地上弹跳两次
O		
	over-grips 护柄带	
	out 出界	
	overhead 过顶球	
	overhand service 上手发球	
P		
	partner 伙伴	
	player 球员	
	passing shot 穿越球	
	percentage play 沉着应战	
	place-up 抛球	
	point-up 指着球	
	progressive playing 改善打法	

postpone 延期	
permanent fixtures 永久性固定物	
R	**S**
racket 网球拍	service 发球
rallies 回合	service return 回发球
ready position 预备位置	shots 击球
receiver 接发球员	spin 旋转球
receiving formation 接发球的位置	sidespin 侧旋转球
return 回球	slice service 削发球
rules 规则	smash 扣杀
referee 裁判长	split-stepping 分开两脚站立
round robin tournament 循环赛	stamina 耐力
ranking 名次	stance 站姿
	stretching exercisees 伸展运动
	strings 穿线
	surprise return 突然的回击
	swing 挥拍
	second service 二发
	score 比分
	strap 中央带
	side line 边线
	service line 发球线
	service court 发球区
	single court 单打场区
	suspension 暂停
	seeding player 非种子球员
	seeded player 种子球员
	single eliminatin tournament 单败淘汰赛

T	U
tactics 战术 take-back 拉拍 tennis lines 网球场上的线 throwing position 准备击球姿势 timing 击球时间的掌握 topspin 上旋转球 turn 转身 thirty 30 分 through the net 穿网球 tie-breaker 平局决胜	umpire 裁判 underspin 下旋球
V	W
volley 截击	warming up 热身运动 wide ball 离身球

二、其他术语

（1）双发失误（Double Fault）：连续两次发球都失败，并被判为丢掉一分。

（2）穿越球（Passingshot）：当一记回球从站在网前的对方球员身边任一侧经过并导致接球失误的球即为穿越球。

（3）第二发球（Secondserve）：发球时，发球球员有两次发球机会，将球发到对方发球区内。如果第一次发球失误，就只剩下第二发球的机会。

（4）种子选手排位（Seeding）：参加某项赛事的优秀选手。通常，在赛事开始前，优秀选手被列为"种子选手"。这可以避免这些优秀选手在参加比赛的过程中过早相遇、被淘汰出局。

（5）澳洲式双打阵型（Australian doubles formation）：在双打比赛中，两人的站位通常是分布左右的一前一后，但这里指的则是两人站在同侧，另一人站在发球者的前方。

（6）非受迫性失误（Unforced Error）：在对方未对自己施予压力的情况下出现的主动失误。

（7）外卡（Wild Card）：赛事组织者以颁给外卡的方式，邀请一位或更多球员参加赛事，无论其排名如何。这使赛事组织者可以为有潜力的年轻选手提供参赛席位，或给错过报名时间的优秀选手提供方便。

第三章 Chapter 03

网球运动的基本技术

第三章 网球运动的基本技术

第一节 网球握拍技术

握拍是一切击球方式的基础。球拍将你的身体和网球联系在一起，从而影响到球和球拍接触。不同的握拍方法会产生不同的击球效果，下面要介绍的是 USPTA 职业教练员教学所使用的基础握拍方法，用来描述手应该放在球拍握把表面的位置或角度。掌根、食指和食指掌指关节被作为握拍的 3 个参考点。

一、大陆式握拍

右手握法：食指的指节和右上方的棱面接触，虎口在手柄的上方。

左手握法：食指的指节和右侧的棱面接触。

手掌根在2号面 右上面
掌根关节在2号面 右上面食指伸出分离

大陆式握拍法的击球位置是在离身体侧面较近和较低的区域，适用于发球、网前截击、削球和防守性的打法。尤其是网前截击，因为不需要切换正反手，所以可以很快地做出反应。另外，因为这种握法会使拍面相对地开放（开放的拍面是指拍面和球网平行，收闭的拍面是指拍面和球网垂直），所以在处理离地面较低的球和平击球时是比较有利的。

采用这种握拍时，食指根部压在与拍面水平的那个平面上，拍面的角度几乎与地面垂直。大陆式握拍法适合用来击打任何类型的球，但在发球、打截击球、过顶球、削球以及防守球时采用这种握拍法效果更好。运用大陆式握拍法可以使你在发球或打过顶球时手臂自然下压，这样不但攻击的效果最好，而且给手臂的压力也最小。由于在打正手和反手球时不需要调整握拍法，因此大陆式握拍法也是打网前截击球的最佳选择，因为采用这种握拍法可以使攻防转换十分迅速。同时，它还适用于在防守时击打已到达身体侧面、击球点较晚的球。

二、东方式握拍

右手握法：用大陆式握法顺时针转动手腕直至食指指节经过拍柄右上方的棱面和右侧的拍柄接触。

左手握法：用大陆式握法逆时针转动手腕直至食指指节经过拍柄左上方的棱面和左侧的拍柄接触。

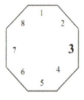

（1）手掌根和掌指关节置于"3号面（右垂直面）"
（2）食指伸出分离

东方式握拍法分正手和反手两种，这种握拍对来球高一些或低一些，都能用正反手击球。东方式正手握拍可以被称为"万能握拍法"，既可以击出上旋球，又可以打出平击球，它可以给手腕提供良好的稳定性。你打出的球可以略带旋转，或直接打出很有穿透力的球，而且，采用这种握拍只要做非常小的调整就能回到大陆式握拍，这样选手在削球或在网前截击时都会比较轻松。采用这种握拍法，拍面可以通过摩擦球的后部击出上旋球，还可以打出有很大力量和穿透性的平击球。东方式握拍很容易转换到其他握拍方式，所以该握拍方法更适合喜欢上网的选手。但是这种握拍打出来的球更多是平击，稳定性差，所以不适合打多拍球。

三、半西方握拍方式

右手握法：用东方式握拍顺时针转动手腕直至食指指节和球拍拍柄右下方的棱面接触。

左手握法：用东方式握拍逆时针转动手腕直至食指指节和球拍拍柄左下方的棱面接触。

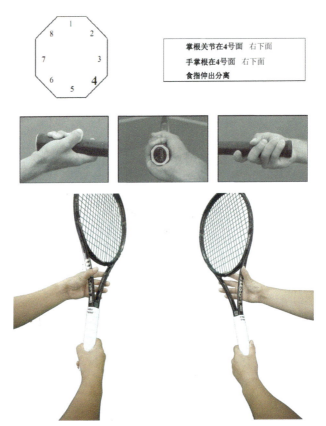

半西方式握拍方式是现在业余爱好者采用最多的一种握拍方式。包括很多从东方式入手的爱好者，也在打球的过程中无意识地过渡到半西方了，所以，初学阶段，没必要刻意采用特定的握拍方法。东方和半西方都可以。同样这是底线型选手采用的握拍方法。因为用这种握法可以打出稳定的上旋球，让球手可以更好地控制球的落点。对处理离地面较高的球十分奏效，因为这时击球区在离地面更高和离身体更前的位置。

相对于东方式握拍，这种握拍可以让选手给球打出更多上旋，使击球更为保险，网球更容易过网，也更好控制线路，因此，它很适合打上旋高球和小角度的击球。而且这种握拍还可以打出更深远的平击球。它还适合大幅度地引拍，而且强烈的上旋有助于把更多的球打在场内。这种握拍在身体前部的击球点比东方式握拍更高、更远，因此更有利于控制高球，所以用它打半高球会有更好的控制和进攻性。

四、西方式握拍

右手握法：从半西方式握法顺时针转动手腕直至手腕在球柄的下方，也就是说手掌几乎是在球柄的下方。

左手握法：从半西方式握法逆时针转动手腕直至手腕在球柄的下方。

西方式正手握拍是完全的西方式握拍法，这种握拍方式容易打出强烈的上旋球，球在落地后会弹得很高，喜欢打强烈上旋的土场选手多采用这种握拍法。这种握拍方式让手腕的位置迫使拍面强烈地击打球的后部，因而可以打出又高又强又有力的上旋球，让击出的球恰好过网，但过网后它就会立刻下坠，而球在落地后还会高高地弹起，这就会迫使你的对手退至底线后回球，让对手不得不在腰以上的部位击球，不利于发力，从而为自己进攻创造机会。这种握拍比其他任何一种正手握拍法的击球点都要更高更远，击球区是离地面更高和离身体更前的位置，对处理高球最有效。正是因为西方式握拍法对高球的良好控制，因此许多青少年都很青睐这种握拍法。但这种握拍不善于处理低球，而且对于有些运动员来说，这种握拍很难打出弧线较低的球。

五、双手反手握拍

右手握法：右手使拍面处于大陆式和东方式反手握拍的中间位置。

左手握法：左手以东方式正手握拍法放在持拍手的前方。

随着双手反手击球技术的进步，你可以试着采用东方式双手反手握拍法或大陆式双手反手握拍法。不握拍的另一手支撑住球拍，握拍的一手向内转。在右手上方与支撑手向下滑，形成左手东方式正手握拍姿势；这种握拍方式适用于单手力量不足或双手具有良好协调性的选手。比起单手反手击球，双手反手借助肩部的转动和小幅度的挥拍来发力。因此采用双手反拍来接发球的成功率比较高。这个握拍法还适合处理低球，而且在回球时力量很足。但是这种握拍由于是双手握拍，限制了跑动，不利于防守大范围的来球。

双手反手握拍方式的特点是：①"攻击力强"。由于反手双手握拍，击球时有另外一只手扶持，可以抵挡住对方凶猛的来球，即使击球点靠后，也能靠双手握拍击球弥补单手击球的不足。②"隐蔽性好"。反手双手握拍击球时，击球点离身体较近，后摆时是背向球网，对手很难判断挥拍动作及击球的角度，从而有较好的隐蔽性。③"提高准确性"。双手握拍时，容易固定拍形，腕部力量加强，使击球的准确性和攻击力增强，提高主动进攻的意识。④"增强击球力"。反手双手握拍动作，向前挥拍与身体重心的移动具有协同力，可增大击球力量。

第二节 准备姿势

网球运动的准备姿势是为了更好地跑动和完成击球动作。网球运动的准备姿势，需注意一些基本原则：面向球网站立，双脚自然分开与肩同宽，屈膝含胸，上身微倾，双脚跟稍稍离地，重心落在双脚的前脚掌上，身体外松内紧，拍面倾斜朝向地面；拍头指向前方，高度不要挡住眼睛向前看的视线，右手握拍，左手轻托拍颈，自然放于身体前方，注意左手始终停留在拍喉或拍柄的上半部，两个肘部弯曲大约90°，而且同时向外支出；两眼注视前方来球，保持注意力集中，随时做好击球准备。

网球运动的准备姿势有接发球准备姿势、网前准备姿势、击球准备姿势等，无论准备姿势如何，都是为了能专注地准备、认真地对待网球项目，以达到更快地启动、更好地完成击球。

第三节 网球常用基本步法

网球是名副其实的脚下运动，要想正确地击球，必须首先移动到正确的位置，步法（场上的覆盖范围）是打网球的第一步。网球运动对移动要求极高，如果移动不到位，再好的击球技术也无济于事。矫健的步法不仅能及时准确地找到击球点，而且还能救回很多对方以为可以直接得分的球，从而在心理上给对方压力。网球运动的步伐是需要前后、左右，交叉往返移动的运动，网球运动员需要具有灵活的脚下步法和扎实的移动能力。接下来介绍网球场上常用的几种步法，在了解这些步法后，学员需要在日常的网球训练中不断强化移动意识，最终在比赛场上"让移动成为一种习惯"。

一、两侧蹬跨步法

两侧蹬跨步法，通常是指在接球和平抽回球时，向球场两边的脚步移动方法。主要有两侧蹬跨步、并步右侧移动步法和左侧前交叉移动步法等。通常在对方来球速度较快，落点比较偏内时运用较多。向右侧蹬跨步时，上体前倾，膝关节弯曲，身体重心先移至左脚上，随即左腿迅速用力蹬伸，右腿向来球方向跨出一大步，在右腿向右侧跨出的同时，髋关节旋外，落地后成侧弓箭步状。击球后，右腿随即旋内蹬伸回动。向左侧蹬跨步则相反而行。

(1)　　　　　(2)　　　　　(3)

二、并步移动步法

并步侧滑步移动不仅易于进行横向移动，还能尽早对相反方向做出反应，在预判出现问题时比较有效。步法要点是：膝关节弯曲，保持重心在较低的位置，脚后跟微抬，用脚尖迈步；身体朝向前方，向体侧迈步，注意视线不要出现大幅上下运动。侧滑步对脚部会造成一定的负担，使用过多会对脚部造成伤害，不要过度使用，快速移动时如果过于用力，重心容易偏高，造成视线上下移动。

并步右侧移动步法起动时，身体倾向右侧，身体重心移向右脚，左脚向右脚并步靠拢，并以前脚掌着地向右侧蹬伸，右脚在左脚并步未落地时，髋关节旋外后向右侧跨出一大步，落地时脚尖朝向右侧方向。击球后，右腿随即再旋内蹬伸回动。这种步法，多用于短距离的移动，只适合选手在几步的范围内使用。

（1）　　　　　（2）　　　　　（3）　　　　　（4）

三、左侧前交叉移动步法

比赛中经常会被对手横向大范围调动，这时，从球场边角或球场外有效复位的步法是交叉步。反手被大范围调动时，以迈出的右脚为中心，将左脚伸出场外。这时，要考虑如何迅速复位，将右脚脚尖尽可能对准前进方向,这样左脚比较容易伸出,交叉步之后立即收回。左脚伸出球场之后右脚尽早移动是个关键。右脚脚尖如不尽早改变朝向,右脚的位置会造成阻碍,导致左脚很难伸出,无法流畅复位。

左侧前交叉移动步法起动时,左脚先向左侧迈一小步,随即以左脚为轴,身体左转,右脚向左侧跨一大步,呈背对球网姿势击球。击球后,右腿迅速蹬伸右转体还原成面对球网姿势,并利用左脚并步调整身体重心和回动。这种步法通常在对方来球距边线较近时运用。

(1)　　　　　　　　(2)　　　　　　　　(3)

四、网球移动中的垫步

分腿垫步,是与反应相关联的重要步法。对手击球的瞬间做出小跳步,为接下来的移动积蓄能量。落地后,通过瞬间控制自身的速度,为接下来的移动做好准备。跳步时的滞空时间不能过长,保持良好的平衡、顺畅,向下一个动作移动是非常重要的。脚和地面的接触要短促、有力,通过蹬地产生的反作用力迅速移动。动作过程中,要尽可能控制视线不要上下移动。

在网球接发球移动中的"垫步",是由准备姿势开始的,在原地双脚离地的一个"小跳"。双脚离地时,其间距与肩同宽,是形成快速启动和保持身体平衡的关键。对手每次触球前做的垫步，应该恰恰是对手挥拍向前的时候。当球从对手球拍上击回时，应当准确判断网球的方向。落地前，会"下意识"地决定一只脚先落地，以便迅速启动，使身体移向正确的方向。做垫步的另外一个好处是，当对手出球时，"小垫步"能够使你更加注意对手的击球，使你能够最大限度地对来球做出预测和判断。垫步完成后应该立即转体并移动，即如果你向左侧移动，你就需要跨出左脚；你如果要向右侧移动，就应该跨出右脚。在你跨出脚的时候，你的后背与臀部应转向同一个方向。这样才会保持身体的平衡，并且能够往来球的方向快速移动。

（1）　　　　　（2）　　　　　（3）　　　　　（4）

第四节　网球中的击球技术（以右手握拍为例）

一、正手击球

底线击球技术是单打比赛中使用最多的一项技术，也是初学者最先学习的一项技术。正手击球力量大，速度快，稳定性好。正手击球的动作要领：转肩引拍，充分转体，屈膝降重心，击球时蹬地起重心，击球点尽量靠前，击球瞬间充分爆发，力作用在球上。侧身转肩引拍，拍头高于肩，左侧肩对准来球方向，身体稍后倾，后腿膝关节微屈，重心在后脚上，眼看前方；后腿蹬，转髋，身体以纵轴为轴转动，上体顺势转动挥拍击球，击球高度在腰高，击球点在右前90°区的45°线上。用球拍的甜点击球，击球后，保持动作的完整继续向前向上挥动，身体顺势向前一步。正手击球引拍可采用弧线引拍，球拍可以自然加速。因为弧线引拍的距离长，可以为球拍延长加速的时间，最后在击球时达到最大的拍头速度。正手击球中的线路是直线向前的力，惯性力是身体旋转的力。为了获得球速就要增加这两个力的合力，所以在正手击球过程中网球选手需要将手臂和身体为一体转动，目的就是获得更大的惯性力。下面以右手持拍为例介绍一下正手击球的动作要领。

（一）正手击球准备姿势

面向球网站立，两脚分开大约与肩同宽，两膝微屈，重心稍前移，落在前脚掌上，避免两脚站得太死，启动太慢，右手握于拍把末端，左手扶住拍颈，拍面与地面垂直，拍子自然地放在身体前方，注意对方来球，注意力集中随时做好击球准备。

（二）正手击球后摆引拍

当判断好来球需要用正拍回击时，左手帮助推拍向后，拍子引到拍头指向后面的挡网即可，左脚向右前方迈步，左手指向击球点，既能维持身体平衡又能明确击球点，眼睛盯着击球点。初学者要注意刚开始避免过多用手臂击球。

（三）正手击球挥拍击球

击球时右手手腕放松，掉拍头，拍头从下往上挥动。注意整个动作要一气呵成，中间不能有所停顿。击球时应转动身体，用力蹬腿，以肩关节为轴，重心从后脚移至前脚，体会用身体带动手发力的感觉，用大臂带动小臂沿着来球方向向前挥拍，击球点在腰部位置击球。

（四）正手击球随挥跟进

击球后，不能立即收拍，而应沿着球飞行的方向继续前送，重心应从右脚移向左脚，身体转向球网，拍头随着惯性挥到左肩前上方，肘关节向前，左手扶住拍颈，随挥跟进结束，立刻恢复到准备姿势，准备下一次击球。

让我们看一组正手击球的连续动作。

（1）　　　　　（2）　　　　　　（3）　　　　　　（4）

二、反手击球（以双手反手为例）

反手击球是网球击球技术中的一种，分为单手反手击球和双手反手击球两种。当今世界大批顶级优秀网球球员都采用双手反手握拍击球技术。双手反手握拍击球具有准确、隐蔽、有力等特点。双手反手击球技术同样适用于手臂力量不足的网球爱好者与初学者。

反手击球和正手击球一样。网球练习者一般先学习正手后再学反手，因为用右手的人，自然有一种右侧习惯，正手的拉拍动作方便且已成习惯，所以当正手有了一定的基础，对网球的规律已熟悉，反手自然比较容易。反手动作要领与正手相似，只是方向相反。双反握拍一般采用右手大陆式握拍握在球拍末端，左手东方式正手握拍握住右手上方的球柄。

（一）反手击球准备动作

反手击球准备动作与底线正手击球准备动作相同，单手反手选手左手扶住拍颈，便于调整握拍，双手反手选手采用双手握拍法。

（二）反手击球引拍动作

当判断来球属于反手握拍接球时，右手马上改成反东方式握拍，左手在转肩拉拍的同时，顺着拍柄下滑至双手相接成双手反手握拍，拍柄底部对着击球方向，全身自然放松，注意力集中，眼睛盯准来球；单手反手击球时，持拍手采用反东方式握拍，手肘关节弯曲并贴近身体，引拍应尽量向侧后拉，转动上体使右肩前探，侧身对网。球拍低于击球点，手腕固定，手臂放松，手向后伸。右脚向左前方跨出，重心落在右脚上。

（三）反手击球挥拍动作

反手向前挥拍击球时，应后腿蹬地发力并向右转动身体，以右侧身体为轴，沿着来球的轨迹迎前挥击，球拍由后下向前上方挥出。在击球时，手腕应固定，拍面对准来球的方向。击球点一般在身体的侧前方、腰腹高度击球，击球点可通过屈膝来调整重心高度。击球时应注意：当向前挥拍击球，朝着球网回身转腰，手腕紧锁，在将要击球时刻，身体重心由后脚移向前脚，使身体重心顺畅地移到击球中去。

（四）反手击球随挥动作

反手击球应是一种平滑连贯的动作，要伸展于臂，绷紧手腕，击球点约为腰腹高度，比单手反手的击球点略靠后，约在右膝前，要充分随着身体转动将动作做完整，将球拍扛在肩上，身体面向球网。击出球后，拍子沿着球飞行的轨迹继续向前挥出，让球拍随球向前的距离尽量长些，重心从后向前最后落在右脚，将拍子挥向右肩，拍头朝上。

接下来我们分别看一下单手反手击球与双手反手击球的连续动作。

（1）　　（2）　　（3）　　（4）　　（5）

（6）　　（7）　　（8）　　（9）　　（10）

三、发球技术

网球比赛都是从发球开始，发球是网球比赛中唯一由自己掌握而不受对方影响的技术。相对于底线击落地球和网球截击而言，发球是一项比较难掌握的技术，因为发球时需要用到的身体部位较多，动作幅度较大，需要肌肉的协调程度较高，对运动员的协调性要求较高。在职业网坛比赛中掌握了发球就等于掌握了场上的主动权，好的发球不仅可以直接得分，而且还可以掌握场上的局面，最大限度地施展自己的战术。发球说难不难，因为发球的主动权绝对掌握在发球者手中，无论抛球还是挥拍击球都完全凭自己的控制，发球者所要做的只是为自己创造最佳的条件并按照自己的意图将球发出手。发球技术主要分为平击发球、上旋发球和切削发球。

"平击发球"在三种发球中是球速最快的一种。该发球不但球速快，而且反弹低。如果选手身材高大，就可以借助高点击球的空中优势直接进攻对方；如身材较矮小或女选手，就不宜使用平击发球。因为这种发球虽然力量大、球速快、威胁性强，但命中率比较低，所以常常被用做一发。平击发球一般较适合身材高大的人，平击球时的击球点应在身体的右眼前上方，以拍面的甜点平直对准球，击球的后中上部，身体充分向上向前伸展，以获得最高击球点，以提高发球命中率。

"上旋发球"是以网球上旋转动为主，侧旋为辅的发球法，使球产生一个明显的从上向下的弧形飞行轨迹，发力越强，旋转越快，弧形越大，命中率也越高；落地后高反弹到对方的前面或侧面，迫使对方移动接球，同时为发球上网带来足够的时间。发上旋球时把球抛到头后偏左的位置，击球时身体尽量后仰成弓形，利用杠杆原理对球加旋转，球拍快速从左向右上方挥动，从下向上擦击球的中下部，并向右带出，感觉像是从7点钟挥向1点钟做包裹性的挥击，使球摩擦产生右侧上旋。双脚向上蹬地向上向前发力，另外保证触球的那一下手臂是伸直的。

"切削发球"是一种以右侧旋转为主的发球法。就是由球的右上往左下切削击球。由于切削发球的飞行轨迹及弹跳方向所定，切削发球不但球速快，威胁大，而且容易提高发球命中率。发球时把球抛到右侧斜上方，球拍快速从右侧中上方至左下方挥动。击球部位在球的中部偏右侧,使球产生右侧旋转。

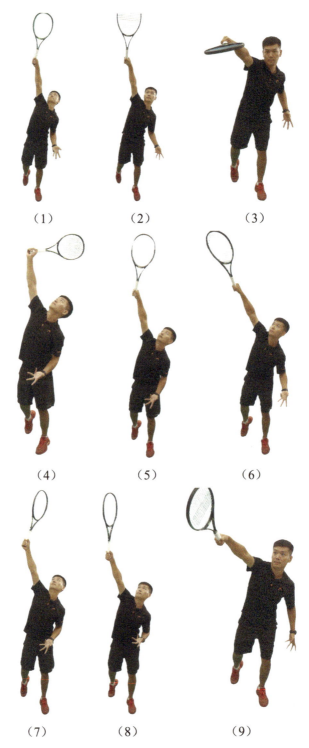

(1) (2) (3)
(4) (5) (6)
(7) (8) (9)

（一）发球准备动作

发球的握拍方法一般采用"东方式反手"或"大陆式"握拍法，"东方式反手"握拍法可以发出更为旋转的上旋球。侧身站立在底线外，左肩侧对球网和发球区，双脚自然分开与肩同宽或略宽于肩，左脚与底线约成45°，右脚几乎与底线平行，两脚尖连线的延长线指向发球区。右手持拍，拍头指向前方，左手持球，球自然放在持球手拇指、食指及中指三指上，无名指和小指自然屈于球的后部，将网球轻握在手里。

（二）发球抛球动作

抛球时，抛球在准备动作的基础上，持球手的肘部渐渐伸直并向下靠近持球手同侧膝关节上侧，自下而上将球抛起。在整个动作过程中，手臂放松并保持伸直状态，其走势与地面垂直，以拇指、食指、中指三指将球平稳托起并使掌心向上，尽量使球在空中不产生旋转。球脱手的最佳点在手掌走势的最高点，在个人眼睛的水平位置上，脱手时托球的三手指已最大程度地展开，不要用手指去拨球，球不是被"扔"到空中而是被"抛送"到空中；球脱手后，第一发球偏向于进攻，强调出球的速度与攻击力，因此击球点较靠前，第二发球较为保守，在保证成功率的前提下尽量发出较高质量的上旋或侧旋球，强调控制落点，击球点也就相应后移；球抛到空中的高度不能低于持拍时伸直手臂球拍所能触及的高度，究竟多高才合适要视个人情况而定。

（三）发球击球动作

抛球与挥拍击球的动作是联动性的，目的是为加快挥拍速度，让击球的力量更大，但对击球节奏的要求会有多种变化。以准备姿势为基础向持拍手一侧转身，同时持拍手引导球拍贴近身体，球拍后摆至一定高度后，以肘为轴，小臂、手、拍头依次向体后、背部下吊，做出背弓，同时屈双膝并伴随身体后展呈"弓"状；在屈膝、背弓动作的基础上自下而上依次蹬直踝部、膝部，反弹背弓并向出球方转体，挥拍击球，肘部有一个引导小臂、球拍下吊至背后再以肘部为轴带动臂、拍摆向击球点的过程。其目的是持拍手能有一个足够的获得摆动速度的过程，为到达击球点时力的瞬间爆发做充分的准备。

（四）发球随挥动作

抛发球后击中球后，虽然挥拍击球的动作已经完成，但到达击球点后选手应顺着身体及挥拍的惯性做转体、转肩和收拍的动作，最终以身体带动大臂，大臂带动小臂，小臂带动球拍向持拍手的异侧体侧，结束发球动作，以达到连贯性完成一系列的发球动作。

最后我们看一组连贯的发球动作，我们在训练中，哪怕是刚刚开始学习发球，也应该尽可能地把全套动作做完整了，而不用太在意球速与落点。

（1） （2） （3） （4）

四、接发球技术

　　接发球技术与破对方发球局密切相关，接发球技术水平直接影响比赛的得失，接发球技术也是网球运动中一项重要的基本技术。对方发球后，必须在第一时间内做出反应，提早做出预判并积极做好回击动作。

　　接发球时要具备主动迎击接球的意识，注意力需高度集中，看到发球方将球抛起同时向上做分腿垫步动作，接着向前一步主动去迎击球；接球时充分考虑各种发球的对策，确定来球的路线和接发球的位置，判断对手发出球落点果断出手；积极调整脚下步伐，快速调整位置与状态，击球时紧握球拍，并使拍面对着对方场内区域，提高对球落地反弹后运行轨迹的判断力，随球移动，减小引拍幅度。

（一）接发球准备动作

接发球时，观察对手出拍时的拍面、眼神、转体动作以及抛球的方位判断出发球的方向，做出正确的判断。提前做出预判，为准备接发球赢取宝贵时间。同时，接发球时握拍要松弛，引拍和前挥也要保持松弛，但从拍接触球的一刹那，要紧紧握住球拍，特别是拇指、无名指和食指要用力抓拍，手腕相对固定以保证拍面稳定，即使不能有力回击对手凶猛来球，也可用牢固的拍面顶住来球，或者以合适的角度控制还击方向，给对手带来压力。

（二）接发球移动动作

接发球的准备姿势是两脚自然开立宽于肩，两腿微屈，上体稍向前倾，两臂屈肘，两手持拍置于腹前，将拍头向上翘起，身体重心放在两脚前脚掌上；从对方抛球开始，眼睛要盯住球，在对方击球瞬间，双脚稍微跳离地面，积极地做出击球准备。目的是为自己赢得充分的反应时间来移动调整步伐，以利于接发球技术的施展。

（三）接发球击球动作

准备接发球时，首先确定自己是进攻还是防守，然后根据正拍球和反拍球的不同，选择不同回发球的线路；然后需要判断网球的来球路线，迅速移动，向预测击球点启动时，双肩与身体重心同时移动，并向击球方向踏出异侧步，转体转肩时要使肘部离开身体。向前挥击时尽量使拍子运行轨迹由高处向下再向上，动作幅度要小。击球时动作与正常击球基本相同，只是没有明显的后引，特别是对于快速来球，回球多数采用阻挡式动作或类似截击动作回球，回球以平击为主，以便控制球路的高低，来达到不同的目的，尽量不要用上旋击球，因为接发球的反应时间很短，上旋会把球带得比较高，接大力发球时控制好拍面角度并握紧球拍以免拍面被震转动从而导致接发球失误。

（四）接发球随挥动作

最后随击球动作的完毕，球拍随球的回路继续移动，径直顺着拍头的方向继续快速挥拍，之后自然回位。

下面是一组接发球的连续性动作。

(1) (2) (3)
(4) (5) (6)

五、高压球技术

高压球是运用力量和旋转两者结合来强攻性击打的技术，球的落点应是该技术的关键，因此控制击球落点是打出稳定高压球的第一步。熟练掌握高压球技术，才能有效制约对方的挑高球，并利用高压球技术赢得制胜分。高压球根据球的状况和击球者的站位可分为凌空高压球、落地高压球、跳起高压球等。

"凌空高压球"指的是不等来球落地，在空中就将其扣杀回去。此种球杀伤力极大但击球者需具备良好的空中定向、判断能力及熟练而精准的脚步移动能力。

"落地高压球"是在来球虽高但飘忽不定或很难取到最佳点将其凌空击回去的情况下，让球落地反弹后再寻高点扣杀。

"跳起高压球"以与持拍手同一侧的脚蹬地起跳，落地时异侧的脚先着地、缓冲，挥拍击球时双脚在空中有个前后换位的动作。

（一）高压球握拍动作

高压球应该采用大陆式握拍，该握拍可让球员以击打状态去击球得分，而避免以推送状态将球击出界外从而失误丢分。

（二）高压球移动动作

在准确判断来球位置及轨迹的基础上，身体应随着侧身后前侧脚的后移转动而朝着球的方向前移，以交叉步的方式快速侧身移动到球即将下落位置的后面。球在空中飞行时可能会因风向、旋转等因素产生一些难以预知的变化，这就要求击球者快速反应、准确取位、灵活移动以获得理想的击球点，击球时双脚也要不停地在原地做小碎步的调整，以保持重心的稳定和移动的灵活，从而达到最佳的击球位置的击球效果。

（三）高压球后摆球拍动作

高压球击球动作前，脚步开始移动后，身体侧身并以最简短的动作将球拍摆至肩上，拍头向上，非持拍手自然上抬，眼睛盯球，做好击球准备。高压球在移动定位时非持拍手应指向空中的来球，借助准备接球的姿势让你找到更好的击球位置，在身体前上方接住球的站位，就是击打高压球的正确站位，同时手掌或手臂还可以遮住上方的阳光。

另外，保持非持拍手举起的状态还能帮你调整姿势，预判来球，维持身体的平衡。

（四）高压球击球动作

判断准击球点并移动到位后，髋部和肩膀应该在球拍向前上方挥动时开始旋转，这样使身体侧对来球，选手避免过早打开身体，因为转身过早很可能会造成击球下网；高压球挥拍击球前身体的重心应该落在后脚，以双脚为支撑向击球点方向蹬地、转体、收腹继而挥拍击球，击球点在能保证球过网的前提下，其位置越靠前越利于发力和控制球出手的角度，越靠前越具有杀伤性，反之，越靠后越不容易控制，失误也就越多。

（五）高压球随挥动作

高压球随挥动作是击球过后，球拍穿过身体增加随挥，重心向前，随着选手击球力量的增大，向前的惯性再一次靠近球网，选手调整带有动态平衡的情况下，随挥可以缩短到身体前侧结束，这就需要击球者具备良好的腰腹力量及手腕的控制能力。

（六）高压球复位动作

选手在完成高压球的一系列动作后，重心向前然后立刻分步垫步来准备接对手的下一次击球。分步垫步以后，选手应准备再次向前移动为截击做准备。另外仍要预防对手再次打出另一个吊高球。

我们从侧身位看一下高压球击球前的动作。

六、放小球技术

放小球技术在现在的网球比赛中应用非常广泛，特别是在红土场地，脚步启动易滑倒，因此它是一种牵制、干扰、调动对方的有效技战术。放小球是指用切削的技术轻轻地将球击到对方网前，当对方站在端线附近或远离球场时，采用这种战术打法很容易得分。放小球技术可使选手更有效地发挥特长技术的攻击性，使对方不能专心于防守，打乱对方的站位，影响对方击球节奏，而使自己各项技术得到充分发挥。

放小球技术分为：正手切球放小球、反手削球放小球、掩护放小球、截击放小球。

"正手切球放小球"：采用东方式反手握拍法，或大陆式握拍法。灵活、主动、落点准确、视野开阔、控制范围大。放小球时为了增加球落地后的旋转，提前打开拍面准备击球，用球拍的底边去切球，使球产生向后或者向侧面的旋转，击球后要保持放松握拍，需要注意不要引拍太大。

"反手削球放小球"：采用东方式正手握拍法，或放松自然的握拍法。球在反手的一侧，灵活、方便、容易、有一定的隐蔽性。用球拍的下边缘摩擦球的下部，然后向前挥拍。保持拍面打开，这样可以使球容易过网。

"掩护放小球"：采用东方式正手握拍方法，或者大陆式握拍法。在正常的挥拍情况下，突然减慢球怕的速度、改变击球动作，由击球动作变为正手切球动作，用假象来迷惑对方，调动对方。拍头对准你的击球方向。使用非持拍手来帮助保持平衡。

"截击放小球"：采用大陆式握拍法。首先提前判断出球的落点，然后像截击球一样，移动至网前，在球落地之前击球，将球拍倾斜打开击到球。这是网前球落地之前击球，是用来削弱来球的力量和速度的。

（一）放小球握拍动作

放小球的握拍法与正、反手击球握拍法相同，但是大陆式的握拍更适合放小球，也可以使用东方式握拍；若在更远的地方放小球，东方式握拍比大陆式握拍更加方便。很多球的处理是需要根据具体的情况来做出判断，选择更合适的方法进行处理。

（二）放小球引拍动作

放小球最重要的是在击球前一瞬间做出引拍，球拍至少要在击球点一英寸以上高度的地方，这样能使球离开拍面后产生下旋，下旋球落地后会迅速产生第二次反弹。对于在球处于上升期时的放小球，可以让球拍的拍面更垂直于地面一些，这样能充分借到球的力量，使球的旋转更快。

（三）放小球击球动作

放小球击球时，球拍的挥拍角度是保持不变的，身体下蹲让球拍保持在同一水平线上，这样有助于精确地控制球拍角度；后摆收拍动作要小，往往采用削球的方式击出下旋球；放小球时手腕不能太放松，击球点需要在身体前方，击球时拍面微向上，成托盘状将球轻送过球网。

（四）放小球随挥动作

球拍在击球后几乎没有向前移动，多向侧面移动。对于放小球，来球的速度不能太快，如果球拍移动的速度很快，并且非常果断地切到球的话，球拍应该有一个较长的后续动作，这样才能让小球更结实稳定并且有质量。击完球后保持身体重心的平稳，同时随挥的幅度不能太大，随挥的动作太大会影响球的稳定性，所以在做随挥动作的时候一定要保持动作干净、简练。对于球速太快的球，要想打好小球会比平常更困难，因为你必须让球拍吸收来球的更多的冲击力。

网球图解教程 青少年网球训练指南

我们分别看一下正手和反手放小球的连续动作。

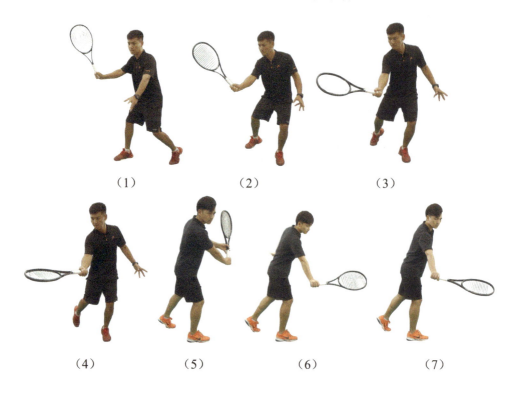

（1）　　　　（2）　　　　（3）

（4）　　　（5）　　　（6）　　　（7）

七、挑高球技术

挑高球就是将球挑向高空击到对方后场，挑高球可分为进攻型和防守型两种。

"进攻挑高球"就是当对手正在距离球网过近的时候，利用挑高球使球落入对方后场区域，这就是主动且具有进攻性的挑高球。无论是正拍还是反拍挑高球，其准备动作都应与正拍或反拍击球的准备动作相同，这样对方就难以判断是击球还是挑高球，只有在击球前很短的时间内突然改变击球动作，使拍面转向上，挥拍弧线稍向前上方，造成对手的措手不及，发挥挑高球的主动进攻作用。

"防守挑高球"就是当选手处于困境或被迫远离球场的不利位置时，最好的回击球的方法就是利用挑高球，不仅可以做好防守而且可以争取回场复位的时间，这便是防守性的挑高球。一般是运用平击挑高球的方法，这种挑高球技术，攻击性较小，击球时能将球挑得较高、较深（接近底线），对方难以直接进行高压球回击，只好让球落地弹起后再还击。从而使挑高球者有更多的时间由被动转向主动，或占据有利位置进行防守。

（一）挑高球握拍动作

挑高球动作要尽可能和正、反拍底线上旋抽击球动作一样。完成拉拍动作时，要使手腕保持后屈。

（二）挑高球引拍动作

挑高球在挥拍击球时，拍面垂直于地面，拍头低于手腕的位置向上挥拍，采用手腕与前臂的滚翻动作，由后下向前上，或反之挥拍，做弧线型击球动作，使球拍在击球瞬间进行摩擦，以产生强有力的上旋，需要动作隐蔽，因此，挑高球的握拍、侧身转肩、向后引拍应尽量与底线正、反拍击下旋球动作一致。击球点在身体侧前方，重心落在后脚。

（三）挑高球击球动作

挑高球击球时拍面朝上，触球是在球的中下部，由后下方向前上方平缓挥拍击球，似"舀送"动作的击球出去，为了更好地控制球的高度和深度，尽量使球在球拍上停留时间长一些，需要合理把握动作的力度。

（四）挑高球随挥动作

挑高球击球后，球拍必须朝着自己设想的出球方向充分跟进，随挥动作要放松并在身体左侧结束，随挥动作与底线正、反拍击旋转球一样，跟进动作要充分，结束动作高于上旋球结束动作，面对球网，重心靠后，保持身体平衡。

我们看一组挑高球的动作。

（1）　　　　　　　（2）　　　　　　　（3）

八、截击球技术

截击球技术是网前技术中的一种攻击性击球方式，当球在落地之前，将球击回到对方半场区，它回球速度快，力量重，威胁大。截击说得通俗一点其实就是挡球，截击在双打比赛中是必不可少的。目前，国内外优秀网球运动员都普遍采用发球上网或接球上网战术，因而，截击球技术被提到攻击性打法不可缺少的重要地位。

（一）截击球准备动作

截击球的准备动作：两脚自然分开约与肩同宽，重心放在前脚掌上，脚跟提起，两手持拍自然置于胸前，拍头立起，上体微前倾，两眼注视来球，成为一个可向任何方向移动的待发状态。选手握拍要举得稍高，约与眼部同高，当判断来球在正手时，先做分腿垫步，身体向右侧转肩，拍头后引至身体侧前方，手腕略向后屈，左脚向体前45°方向跨出，球拍由后向前下击球的瞬间手腕要固定，握紧球拍，类似向前推击的动作。注意截击离网越近，防守范围越小；离网越远，防守范围越大。

（二）截击球引拍动作

截击时后摆动作要小，击球点应保持在身体的右前方。高于网的来球截击时，平击的成分可多一些，这样击出去的球具有进攻性。低于网的来球截击时必须充分降低重心，拍头仍然要高于或平行于手腕，截击球的中下部，成为切下旋球，此时应以推深球在场地的落点为目的。截击空中球的准备姿势应该是站在网前 2.5～3 米处，面对球网，随时准备迅速向前侧移动。

（三）截击球的击球动作

截击球是一个短暂的撞击动作，要求干脆利索。在球落地之前将球击回到对方场区，它回球速度快，力量重，威胁大。目前网球运动向快速方向发展，优秀球员都采用快攻上网型打法，因而截击球技术就成为进攻的重要手段。击球点要在身体前方，要主动迎击网球。

（四）截击球随挥动作

截击球的后摆动作不应过大，身体重心移动不大，击球点应保持在身体前方 30～60 厘米，要向前迎击来球，注意拍头不要下垂，要保持拍头高于手腕，击球时手腕固定，拍子应紧握，击球时拍子不能移动。

九、削球技术

削球主要是使球击出后产生下旋,落地后弹跳低,迫使对手由下向上拉球,或使其难以借助回球力量击出平而快的攻击性强的球。掌握了正反手削球技术,可以扩大击球范围和提高球的平稳性。

(一)削球握拍准备动作

削球的握拍方法基本上是使用大陆式握拍法。其他的不论是单手反手击球、削球、平击球,还是猛抽球,均采用东方式握拍法为宜;让球拍拍面与反手单手击球的击球点相吻合。准备削球时握拍要尽量放松,保证击球时拍子不脱手即可,这样可以充分发挥拍头速度。太过用力或动作僵硬会限制拍头速度的发挥。当看到对方来球后,立刻侧身,重心落在后脚,充分转肩。击球的力量来自转肩,手臂充分放松。准备动作完成时,拍头在肩膀上方,拍面朝向球网。

(二)削球引拍动作

削球引拍动作,首先须摆好拍面的准备动作,这样可以有充分的时间准备,做到预判时机之后再去削击球,无论是双反手击球、单手反手击球,还是打削球,均需提早后摆引拍,提早完成准备动作;引拍动作持拍一侧的右手臂肘关节不宜太低,不使用手腕发力,后摆引拍时,做到左腋不打开,从而保证削球的挥拍动作是由内向外的挥动,直至向后摆拍做到使肩触及下颌为止。

（三）削球击球动作

削球时，挥拍时自肩起至腰之间形成一条直线。反手削球技术不使用腰的转动和膝关节的伸屈动作以及重心的移动。双手反手击球的选手，要注意不要使用腰的转动。当看到对方来球后，立刻侧身，重心落在后脚，充分转肩。击球的力量来自转肩，击球点力争在转肩后的肩部前方，手臂充分放松。无论是双手削球，还是单手削球，所要求的技术要点是相同的，即要求动作直到最后都要保持横向，而且不是展开身体。

（四）削球随挥动作

削球随挥动作要简练，削球动作完全击出完成后，重心仍需保持在前脚，身体不要有过度的旋转；削球动作后球拍拍头的前摆，超过拍尾，整个拍子几乎与地面平行。

第五节 简单技术训练的基准要求

网球的很多技术动作都是多样的，比如握拍的方式、击球的动作等，甚至每一个职业球员都会有自己特别的技术动作，但是这并不意味着我们可以随意发挥。我们允许学员在训练中使用不同的动作规范和训练方法，但是必须符合技术训练的基准要求。

一、落地击球的基本球拍动作

落地击球的基本球拍动作如下：

（1）将球拍靠后高于手，从身体侧面位置开始浅挥拍；

（2）向前挥拍经过击球点，到身体侧面和身体前方；

（3）送拍到身体的另一面，置于腰肩之间。

二、最合适的握拍方式

最合适的握拍方式如下：

（1）正手介于半西方式和东方式握拍方式；

（2）双手反手握拍方式，下手大陆式握拍而上手近似于东方式反手握拍；

（3）单手反手握拍采纳东方式反手握拍方式。

随着学员的技术提高，他们自己就会调整握拍方式，但是教练可以不时地给那些需要帮助的学员调整握拍方式。这样学员只需要时间去练习和完善即可。但如果教练过于专注于纠正学员的握拍方式，网球训练会变得乏味，他们没有将学员放到比赛场景中去，而在这些场景下学员才能够自动地正确握拍和打球。

有小部分学员可能需要双手握拍，而使用正手和反手方式时还会改变手势。如果教练能设计不同活动让学员不得不用正确的握拍方式取得进步，对学员来说会非常有帮助。

三、发球的要求

为了比赛，学员需要学习基本的发球技术。但是要记住的是应该从一开始就通过整套动作来练习，而不是分解成各个动作步骤训练。

先教学员们下手发球，这意味着他们能快速地学会发球并进入对攻的阶段。当他们更加自信，而且其协调性和球技更好时，可将上手发球教给他们。

下手发球是非常简单的动作，但好的教练会将一些基本的上手发球动作技巧融入其中。基本的下手发球应该按照以下顺序培训：

开始时，拍头垂直于地面拍网托住球，在身体前方（如上手发球方式）外。开始时双手很近而且拍子垂直，这有益于握拍方式并且能协调动作。

学员站在底线后，身体侧向边线，双脚与肩齐宽，保持平衡。整个动作学员应侧向边线。

持拍的手臂和拿球的手臂以相反方向移动（如上手发球方式）。一只手将球拍往后挥，另一只手将球直接抛到空中，抛球不用太高，这样当球拍向前挥动的时候，球正好落在球拍上。两只手的协调性非常关键，应在首节发球课上讲解其技巧。一旦这些动作到位，发球就非常容易了。

击球后继续将球拍挥到身体前面以结束发球动作。下手发球也依赖于学员能有节奏地协调双臂动作的能力。

四、基本的上手发球技术

基本的上手发球技术如下：

◆ 如下手发球一样，开始时在身体前面同时持拍和拿球。

◆ 站在底线侧面，双脚分开，与肩齐宽，保持平衡。

◆ 同时分开持拍的手臂和拿球的手臂并以相反的方向移动。（这是一个复杂的协调性动作，有些学员感觉开始时很难掌握，他们需要一定时间练习，并且需要教练的帮助和耐心）

◆ 将拿球的手向上抬，在头顶抛出球，再快速地向上和向前挥动球拍，击球前将持拍的手臂挥到身体后面。

◆ 张开手臂，这样球拍会在身前和身体侧边轻轻地击球。

◆ 继续将球拍挥到身体的另一侧。

应该给学员多展示几次发球的完整动作并问他们"你能做到吗？"发球的动作不应该被分解成几步。因为大多数学员有一定时间训练后都能模仿完整的整套动作，这样应避免将上手发球动作分解成几步来训练他们。

训练时不少学员能大致地发球，随着训练次数的增多，其发球能力会提高。学员能很好地学习并模仿大套粗略动作，只是需要教练鼓励和多一点练习时间就可以改善其动作。

学员在训练上手发球时也可用下手发球比赛。

教练不要将培训重点放在培训那些让学员觉得很难的发球细节上，比如：

（1）精准的抛球对学员来说特别难。他们的重心非常高，让他们将手臂高过头顶，其平衡性就没那么好，因此无论怎么训练，让他们抛出水准一致的球根本不现实。

（2）平衡问题也影响到他们在发球时双脚的站位。12岁以下的学员在发球中两脚分开能更好地保持平衡。

（3）不应教学员发球时屈膝，因为他们的小腿力量不足以通过关节运动链支撑发球动作，他们也没有能力充分完美地协调动作。

因为他们还处在身体发展阶段，教学员扭转臀部和肩部根本没有实际意义。

学员需要成就感。以上所说的细节可以在不断的训练中慢慢调整，在初学阶段不用过于执着于标准与规范。红色和橙色球场都有大的发球区，因此学员发球的成功率会比较高。

五、拦网的基本动作要领

拦网的基本动作要领如下：

◆ 抬起球拍用手肘将球拍挥到他们身体前面，这样他们用拍头向前击球。

◆ 保持手腕不动，让击球动作非常短。

◆ 在身体前面结束击球动作，与持拍的手相对的另一只脚向前以保持平衡。

◆ 稍后教他们大陆式握拍方式，但开始时正手和反手握拍都可以。

第四章
Chapter 04

网球的战术策略

网球运动是一项兼具技术与战术的体育项目，球员在场上想要战胜对手来获得更好的成绩，就要学会将技术与战术组合起来加以运用，我们把这称为打法。因为每个球员的身体素质、训练习惯以及个人性格的差异，就会形成多种多样不同的场上打法。随着网球技术的不断革新和战术的变化发展，促进形成了各具特点的战术类型出现。现代网球赛场上，扎实全面的技术加上灵活多变的战术已经成为网球运动中影响比赛成绩最重要的因素，网球选手在比赛中技战术成功运用与否，往往会成为比赛胜负的决定因素。其中单打与双打又有着显著的打法差异，本书作为青少年初级阶段训练参考书籍，将只介绍单打场上的主流战术打法，关于双打的打法不再介绍。

网球比赛中单打的打法需要运动员根据自己的身体条件、技术特点、战术习惯、心理品质等条件而形成独特的打法风格。现代网球场上主流的战术打法包括底线型战术、网前型战术、综合型战术、接发球型战术等。

第一节 底线型战术的打法策略

一、底线型网球选手战术

底线型战术要求运动员击球前的准备动作简洁迅速、拥有强大的击球力量和超出对手的耐力，能够在场上快速反应，抓住对手出现的任何一点空当制造得分机会。底线型球员一般站位于底线上或稍靠前一点，便于抢点击球，在出现浅球时发动进攻。带有强烈上旋的斜线球是底线攻击型打法的技术基础，直线球也是他们擅长的技术。通常正手是选手强有力的得分武器，该类型选手经常从后场使用有效的正手侧身攻击球得分。底线型打法必须能够打出具有穿透力的底线落地球而且落点要深，拥有精准的步伐和平衡能力，面对带有任何旋转的高球、低球、浅球时都能做出强有力的回击。

底线攻击型打法的特点是以底线抽球的节奏、旋转、球速、落点变化来争取主动，摆脱被动。当对手在底线时，则到处调动他，寻找制胜的机会；当对手在中前场时，则用破网和挑高球来化解。底线型网球选手基本上保持在底线抽球，较少上网，或利用球的落点、速度和旋转变化打出机会时偶尔上网。这种类型打法原来偏重防守，比较被动。近年来，在上网型打法的威胁下，出现了一种底线攻击性的打法，选手用强劲的底线双手抽击，使对手难以截击。优秀底线型选手需要掌握扎实的正、反手抽球技术，并具有强大的攻击能力，利用快速有力的抽球打出落点深而角度刁的球，能够反复地使用大角度的抽球，并带有较强的上旋性，迫使对手处于被动局面，当赛场上出现中场浅球时，也可以快速迎前进行致命的一击，这种类型虽在比赛中很少上网，但遇到少量的上网，也能抓住时机进行网前攻击。另外在接了球和破网技术方面，能顶住对手强有力的发球，既会用隐蔽动作完成破网技术，又会抽、挑结合，使该战术使用在网前和底线相互协同，发挥较大的威力。

二、底线型网球选手的策略

（一）常用策略

底线型选手用平击球和上旋球进攻，对攻时要变换节奏，可以快慢结合，长短结合，各种旋转球结合；处于被动时，多打控制球，少发力。用高而深的慢速球变换速度，接打角度刁或速度快的来球；通过连续地施压迫使对手出现失误；击球位置靠近底线；充分利用整个场地；坚持打深，使用斜线对拉战术以争取时间和控制。

（二）相持阶段的策略

底线型选手在相持胶着状态下，要击打出高而深的球和斜线球，积极调动对方；如对方主动攻击自己的反手位置，争取朝反手方向移动，用正手攻击。

（三）进攻状态的策略

底线型选手在进攻状态下，力求主动调动对方的节奏和位置，同时配以使用轻吊球，令对手措手不及。

（四）处于防守的策略

底线型选手处于防守状态下，打调整球瓦解对方的优势；时而用打高球、深球、角度刁的球来打破对手的节奏，利用积极的脚下步法移动救任何可能救起的球。

（五）面对底线型选手的策略

底线型选手面对同一技术风格的选手，首先需要有耐心，在时机合适时使用发球上网截击战术，用角度刁的近网削球将对手吸引到网前，从而攻击对方的技术破绽。

（六）面对上网型选手的策略

底线型选手与善于使用上网技战术的选手比赛时，可以击出深球和角度较大的球，避免给予对手上网的机会，将对手压在后场，压制对手的优势技术。

（七）面对综合型选手的策略

底线型选手面对综合型选手时，注意力要集中，击落地球时要稳和准，避免无谓的失误和自杀性失误，需要耐心地寻找比赛时机。

（八）面对移动能力差的选手的策略

底线型选手面对移动能力较弱的对手，力求用组合击球、低球、挑高球等技术，打乱对手的节奏，从而调动对手大角度的场地移动，当对手在跑动中或从远离的位置击出直线球时，可以用一小斜线技术获胜。

第二节　网前型网球选手的战术和策略

一、网前型网球选手的战术

网前型选手会使用反手削球过渡然后封网，如此反复，带给对手压力，诱使对手犯错误，然后用第一次截击及之后的战术拿下分数，接发抢网是压制对手获得优势的有力战术；网前型选手会积极创造一切机会和条件上网，发球后积极争取上网，并在空中截击来球，使对手措手不及。这种打法积极主动、富有攻击性，但也有一定的风险性，上网后利用速度和角度造成对手还击困难。优秀上网型运动员一般都能掌握发球上网和抽球上网的战术，发球技术凶狠、力量大、有威胁性，另外，截击球和高压球的攻击力也很强。

网前截击技术主要由截击和高压构成，一般发生在中场和网前的位置，中场截击被称为第一截击，中场是实施网前策略的开始区域。网前截击可以分为根据对手的动作在交手中本能地网前截击和有计划地实施网前截击技术。

二、网前型网球选手的策略

（一）网前截击的基本策略

网前截击选手常对打弧度高、落地反弹高的上旋球实施网前截击，网前截击策略完全出于本能，当击出具有威胁的较深球迫使对手失去有利位置时，立即随球上网，包括简单截击和抽式截击，或者高压球来一击制胜。

（二）面对高球的策略

网前截击选手在球场中心位置做出截击动作比较困难，所以面对高球时一般采用抽球式的截击方式直接杀球。

（三）小斜线上网的策略

网前截击选手的技术相对细腻，正反手都可以击出小斜线球，球落点靠近接球区边线，落地后往外侧弹出，并将对手拉到边线外侧回球，此时上网并占据有利回球位置，将球截击至对手球场空位。

（四）面对对角穿越球的策略

网前截击选手击出对角穿越球时，应选择落点较浅、角度较偏的对角截击球，对手很难在停下脚步后继续向前快速移动回球，此时果断击出直线截击或者打角度刁的对角截击。

（五）面对半截击时的策略

半截击是在球低于球网的高度下使用的技术，不易打出质量高、攻击性强的回球，因此，网前截击选手应避免尝试改变来球的方向，如果没有十足的把握，将球直接向正前方大力回击即可。

第三节　综合型网球选手的战术和策略

一、综合型网球选手的战术

综合型打法要求球员体魄健硕、跑动敏捷，并且有十分出色的脚步移动技术。综合型选手打法对体能要求很高，选手需精通多种击球方式，能够流畅地从防守转入到进攻。综合型打法的选手适合用各种方式击球，通常有灵活的比赛方案。综合型打法异常出色的选手强力击球时，也没有明显的弱点，技战术较为平均，在场上任何位置都能出色地发挥出技战术水平。

综合型打法的特点是既能发球上网、随球上网，在网前和中场进行短兵相接的搏杀，又能通过底线抽杀控制局面。优秀的综合型运动员一般都能掌握全面技术，战术手段多样，无论是发球、接发球，还是截击和高压球，都应具有很高的水平，能够根据不同的对手、不同的比分、不同的临场情况有针对性地实施相应战术，有时底线对抽，有时伺机上网截击，时而发力猛抽，时而稳抽稳拉。有时削放轻球，有时挑出上旋高球，充分发挥多样化技术，并结合敏捷步法，机智灵活地争取主动。

二、综合型网球选手的策略

（一）面对底线稳健型选手的策略

综合型打法选手面对底线稳健型打法的选手，首先需要快速积极地移动步伐，同时可利用发球上网或随球上网及底线紧逼战术来打乱对手节奏，伺机突击进攻。

（二）面对善于发球上网型选手的策略

综合型打法选手面对善于发球上网的选手，需要具有相持和抗衡的耐心，可运用接发球破网，或先稳健接球，再准备用第二拍破网。

（三）面对接发球上网型选手的策略

综合型打法选手面对接发球上网的选手，具备高质量、大强度、快节奏、多技巧的优点，可利用第一发球，在发球力量、速度、旋转、落点的变化率先牵制对方，并提高第一发球的准确率。

（四）面对随球上网型选手的策略

综合型打法选手面对善于采用随球上网的选手，需要具备良好的预判能力，利用底线把球打深，用正手进行对拉、反手切削控制对手，伺机突击。

第四节 接发球网球选手的战术和策略

一、接发球网球选手的战术

接发球上网型打法要求选手身材高大、防守面积大，具有良好的身体柔韧性、强有力的高压球和极佳的网前手感；强有力的发球对于接发球上网型打法是很关键的技术，动作敏捷和具有穿透力的网前截击是至关重要的。

发球上网型打法一般采用东方式或大陆式握拍方法，握拍变化必须十分快捷。发球上网型打法需要以极具破坏性的发球作为开始，需要熟练掌握弹跳低的大力发球、制造大角度或转向对方身体的切削发球和可靠的上旋二发。

发球上网型打法的特点是具有善于结合使用发球上网截击、随球上网截击和具有快速向前移动的能力。球员的一发成功率高，力求用逼迫对手打追身球给对手造成压力，通过网前的截击和高压球来得分。

二、接发球网球选手的策略

（一）发球时面临关键分的策略

接发球选手发球时面临关键比分时，可以采取将球发向对手的身体，这是限制对手利用接发球直接得分的最好方法，让对手不能顺畅地做出回球动作；发切球到对手反拍一侧的臀部高度，或者发上旋，让球在靠近对手身体的位置反弹，用发球让对手感到别扭，以减轻自己接球的难度。

（二）面对正反拍双手选手的策略

接发球选手面对正反拍都用双手的球员，对手挥拍简短，最擅长的就是打靠近身体的球；接发球选手发球时避免朝对手的身体发球，应当尽可能将球发到远离对手身体的地方，因为跑动接球对对手会产生影响，迫使对手在奔跑中用双手打出威胁性不强的正拍切球。

（三）准备发球后上网的策略

接发球选手准备发球后上网的情况下，尽可能改变发球的落点。因为对手接发球，会形成一种习惯，如果不改变发球落点的话，对手的接发球质量将一如既往的好，此时上网很可能会遭遇无数高难度的低截击。

（四）一发失误，二发时的策略

接发球选手遇到一发失误，面临二发时，应该坚持出奇制胜的原则，发球后直接上网。面对关键分，接发球选手能将二发球落在对手反拍一侧并落地弹高的话，对手也就只能用切球方式接发。

（五）接对手第二发球时的策略

接发球选手当面临接对手第二发球时，需向底线以内运动，或者向反拍一侧移动，争取用正拍接球。因为，从接发球的准备开始就需要从战术策略上影响对手。不可单一地面对对手的发球做出反应，而要争取让对手做出反应，将被动变为主动。

第五章 Chapter 05

网球运动与青少年健康

网球运动是全世界最流行的体育运动之一，儿童和青少年是适合参与网球运动的主体人群。网球运动对儿童和青少年一生的发展和健康都有着重要的价值。在过去的医学研究中更多关注的是包括网球运动在内的各种体育运动对儿童和青少年身体生长发育的促进作用。近年来越来越多的医学研究和心理学研究在网球运动对儿童和青少年心理健康、自尊自信、智力发育、人格塑造以及社会功能方面开展了深入研究，在此基础上提出了新的研究结论和建议，针对青少年健康的终极目标，西方教育工作者提出了"生活体育""健身而非竞技（fitness-not-sports）"的理念和教学方法在青少年教育领域取得了可喜的成果。尽管这些研究和理念来自西方国家，但研究结论值得中国网球专业领域的专家及青少年教育工作者参考借鉴。

大脑是人体最重要的器官，从生理学机制的角度可以理解为大脑是身体机能的"最高司令部"。尽管大脑的重量只占到体重的 $2\% \sim 3\%$，但大脑需要的血液供应和能量供应占到全身"能源系统"的 20%。24 小时大脑不间断的工作，主宰着全身各个系统的正常运转。大脑是人类的生命中枢、智力中枢、情绪中枢、睡眠中枢、行为中枢。尽管过去的观点认为，大脑中的神经细胞到青春期全部发育成熟，神经细胞不会再增加，只能随着岁月的流逝，慢慢减少逐渐退化，成年大脑的可塑和新生几乎没有可能。而近年来的神经科学重大发现提示大脑的可塑性终身存在，即使老年大脑仍然具有一定的可塑性和代偿能力，这一现象被称为"神经再生"。运动可以有效地促进神经再生，增强大脑的可塑性。

生命周期的初始阶段——儿童和青少年是大脑发育最关键的时期，堪称大脑可塑的黄金时期，也是神经再生最活跃的时期。大脑的正常发育是儿童和青少年身体成长、学习活动和社会适应的核心物质基础。大脑的功能良好是青少年出色的智力水平，优秀的学习成绩，健康的行为模式、积极的精神状态和良好的人际关系的物质基础。成人年 50% 的精神心理疾病来自童年时期的各种心理精神问题，因此儿童阶段拥有健康的大脑是儿童成年后身心健康、良好社会功能的基础保障。

中国现有儿童人口为 2.2 亿～2.5 亿，由于各种先天或者后天的影响大脑正常发育的生物学因素，如遗传疾病或后天各种急性慢性疾病，加上错综复杂的社会文化心理因素，如快速的城市化、经济压力、学业负担、升学压力、人际关系冲突、虐待忽视、原生家庭环境不良、养育不当或者校园欺凌等应激事件多种因素的交互影响，儿童和青少年的心理问题、行为问题、身心疾病相当常见，令人担忧。在全世界青少年精神心理疾病的患病率呈现上升趋势的大背景下，我国青少年精神心理问题也呈现出逐年高发趋势。一项我国青少年心理健康的调查数据表明，我国 6～17 岁儿童及青少年心理精神疾病患病率为 3.86%，高于新加坡（2.59%）和日本（2.01%）。儿童及青少年常见的精神心理疾病包括自闭症、焦虑、抑郁、注意力缺陷多动障碍（多动症）、精神分裂症、品行障碍、攻击行为、人格障碍、睡眠障碍、创伤后应激障碍、物质依赖、进食障碍、网瘾（2018 年 9 月国家卫健委将网瘾列为精神疾病）等。严重的精神心理疾病会导致灾难性的后果——自杀。

青少年自杀行为是全世界严重的公共卫生问题，自杀是青少年 15～19 岁死亡的主要原因。我国一项总人数超过 15 万名中学生的权威调查数据表明，青少年自杀观念发生率高达 17.7%，自杀计划的报告率为 7.3%，自杀未遂的报告率为 2.7%。2014 年北京市青少年健康相关危险行为的调查报告指出，有 6% 的学生报告在过去 1 年曾有过自杀计划。青少年的心理健康状况的现状触目惊心，严重危害儿童和青少年的身心健康和家庭社会的安定和谐，这种现状对青少年成年后的整体健康、职业发展、家庭关系有着严重的不利影响。

体育运动是公认的促进青少年健康成长的手段之一，长期的体育训练对儿童和青少年身心健康有着积极的影响。体育运动既可以显著地促进青少年的身体发育增强体质，还可以促进大脑的健康发育，提高智力水平和学习效率，改善心理健康，促进青少年人格完善，提高社会适应及人际交往能力。2012 年美国精神病学会（全美最高级别精神医学专业学术组织）将运动作为情绪障碍的医学治疗手段之一，这标志着在精神卫生专业领域，运动疗法成为标准化的治疗手段。2018年8月在全世界顶级的医学期刊《柳叶刀》上发表的研究文章分析了来自美国国家疾控中心全美123万人口的数据，每周运动3～5次，每次运动45分钟的生活方式，能显著地降低精神心理疾病风险11.8%～22.3%。

在运动的各种形式的研究中，神经科学的研究表明，8～12周的有氧运动训练可以显著改善大脑功能。通过大脑的功能核磁共振[1]的研究发现，中等强度的有氧运动，在大脑的特定主管情绪和认知功能的重要脑区，如海马、额叶、颞叶、边缘系统[2]都可以观察到显著的信号激活迹象，这可以很好地解释运动带来的情绪改善和认知功能的提高，运动可以令大脑的功能处于巅峰状态，更好地发挥创造力。与其说体育的冲击力直达心灵，不如说体育的冲击力直达大脑。

美国哈佛大学医学院国际著名的神经精神科医生，同时被誉为研究大脑与运动关系领域世界一流的专家约翰·瑞迪（John Ratey）教授倡导的全球性运动改善大脑的理念风靡全世界12个国家和地区，他被誉为全世界运动改善儿童健康，打造活力儿童的形象大使（活力儿童项目指针对4～10岁儿童在学校每周2～3次，每次40分钟的晨间体育运动，显著改善了儿童的身心健康和学习成绩）。他倡导的青少年运动健脑的行动在全美750所学校开展并取得了令人瞩目的成绩。他的新书《运动改造大脑》中谈到，运动可以健身，更可以健脑。运动是天然的健脑丸。神经科学家发现，运动可以调整失衡的大脑功能，还可以优化正常的大脑机能，运动有助于大脑发挥最大的潜能。美国科学家研究了216名3～5年级的学生，分别评估了他们的体能、注意力、记忆力和信息加工速度，同时评估了他们的脑电图，得到令人惊讶的结论：体能越好的学生，大脑认知功能越好，脑电图的电信号越活跃。

各种观察性研究发现，运动带来情绪的提升和思维的活跃，机制相当复杂。运动后大脑可以产生更多的多巴胺、内啡肽、血清素、去甲肾上腺素、乙酰胆碱、脑源性神经营养因子（BDNF）、胰岛素样生长因子（IGF-1）、血管内皮生长因子（VEGF）、成纤维细胞生长因子（FGF-2）[3]，这些对大脑极其有营养的化学物质可以帮助人类保持积极稳定的情绪和良好的认知功能，抵御疾病和衰老。在大鼠的基础动物研究中发现，给予大鼠复杂的有氧运动 2 周会使脑中 BDNF 的含量增加 35%。

运动不仅提升了大脑中的"营养物质"，更重要的是运动可以极大地促进了脑网络之间的连接，这是近年来运动改善脑功能机制最重要的发现。大脑中的神经细胞有几十亿个，细胞之间的联系犹如银河系中的满天繁星，星罗棋布，熠熠生辉。满天繁星有着千丝万缕的联系，通过各种"语言"沟通交流。这种联系被称为大脑网络，它们的"语言"通过电信号和化学信号进行交流互动。大脑网络中纵横交错的信号连接，犹如现代生活中的移动通信信号，24 小时海量的信号不间断地传输，维持大脑功能，保持人类最大限度地适应生存的状态。大脑网络"站点"和信号连接得越丰富越活跃，神经细胞之间的信号传导速度就越快，信息量就越大，带来的身体的变化就是神清气爽、思维敏捷、注意力集中、记忆力改善、积极乐观的精神状态和美好的内心体验。运动不仅带来网络信息的优化和提速，还可以促进神经细胞的新生，就像阳光雨露可以让大树更加枝繁叶茂一样，运动可以让大脑中神经细胞的"大树"长得更加丰满，替换和修补受损的细胞，充分发挥大脑的潜能。有长期运动习惯的人往往显得比同龄人更年轻而有活力，也许就是这个原因。

大脑中有个特殊的结构左右对称，被称为海马体 2，形态很像中药的海马。海马体是大脑中独特的解剖结构，是人类信息存储的中枢，类似电脑的硬盘。海马体的功能是将各种信息分类、整理、排序、存储，并将各种信息有效联系起来，同时不断巩固存储的信息以备随时调用。海马体的海量存储和加工信息的能力，是我们思维和学习的基础。同时海马体与情绪的感知和内心的体验也显著相关。痴呆、焦虑抑郁、严重失眠等精神心理疾病的患者海马体的体积缩小，这是精神心理疾病导致认知功能减退的主要机制之一。体育运动可以促进海马体新生干细胞数量翻倍，就好像让计算机的硬盘增容一样，这对智力发育和认知功能的促进无疑具有重要价值。通过上述复杂的生物学机制，运动可以极为有效地促进身体—大脑—心灵之间的连接，运动在增强大脑机能的同时，也是精神和心理活动积极正向发展的"强化剂"。

正如前面谈到复杂的有氧运动，可以显著改善大脑中有营养的神经生化递质。网球是一项技巧性很强、动作复杂的有氧运动，对大脑产生的正向影响叠加了有氧运动的益处与复杂运动的益处。运动技巧性越复杂，对大脑的开发作用就越大。从医学和心理学研究的证据可以看到，网球运动对儿童、青少年、成年人甚至老年人身心健康的促进作用是非常显著而独特的。研究表明网球运动在改善心肺功能、减脂、促进代谢、改善体重、增加骨骼肌肉力量、提高协调灵活性、提高反应速度方面显著优于游泳、健美操、赛艇、举重、徒步和高尔夫。

在一项针对网球运动员的研究中发现，与年龄性别匹配的其他项目运动员及非运动员相比，网球运动员在活力水平、乐观精神、自尊自信方面有更好的表现，而在焦虑、抑郁、愤怒、压力、思维迟钝方面有更低的评分。这充分表明，在网球这项复杂的身体技能训练中产生的心理力量，可以复制到工作生活中需要的其他场景。体育比赛中的高潮低谷，顺境逆境，不仅锻炼了身体，更重要的是锻炼了大脑与心灵，这对青少年探索世界、了解自己、适应社会具有显著的积极作用。

儿童心理疾病的流行病学研究表明，在青春期以前发病率无显著的性别差异。在青春期以后，由于激素荷尔蒙的影响和各种社会心理因素易感性不同，女孩的抑郁症发病率显著高于青春期后的男孩。全国中学生自杀风险的研究报告表明，女学生的自杀观念、自杀计划和自杀行为的发生率均高于男学生。一项针对女大学生网球训练对心理健康促进作用的研究表明，网球运动可以显著提高学生自尊水平，改善抑郁情绪，提高社会功能。考虑到青春期心理健康的性别差异，倡导个体化的干预手段，值得深入研究。

健全完善的人格特质是青少年正常社交、适应社会的重要能力之一。人格或称个性，是一个人固定的行为模式以及在日常活动中待人处事的习惯方式，是全部心理特征的综合。人格的形成与先天的生理特征及后天的生活环境均有密切的关系。童年经历对于人格的形成有重要作用。人格障碍开始于童年、青少年，人格一旦形成具有相对的稳定性，童年形成的人格特征可以延续到成年甚至终身。但重大的生活事件及个人的成长的某些经历仍会使人格发生一定程度的变化，这说明人格既有相对的稳定性、持续性，也具有一定的可塑性。世界卫生组织（WHO）于1986年在国际疾病分类（ICD-10）中提出10类人格障碍。人格障碍是指明显偏离正常且根深蒂固的行为方式，具有适应不良的性质，由于这些问题，患有人格障碍的个体自我遭受痛苦和/或使他人遭受痛苦，同时会给家庭和社会带来负面影响。人群中人格障碍的发病率高达2%～10%，发生机制异常复杂。既有生物学因素，也有社会学和心理学因素。人格显著的、持久的偏离了所在社会文化环境应有的范围，从而形成与众不同的行为模式。人格障碍的个体在群体和团队中具有相当的"杀伤力"。社交中表现为情绪不稳定、冲动、自制力差、难与他人合作，因而在人际交往、学习工作和感情生活中常常受挫。人格障碍的青少年在待人接物方面表现得不恰当，频繁的人际关系冲突严重影响在学校的人际和谐、学习成绩和家庭和睦，甚至增加青少年自杀、自伤和伤人的风险。遗憾的是对于人格障碍的个体，各种治疗手段效果欠佳，医疗措施难以奏效。

在一项网球和其他挥拍类运动项目的对比研究中发现，网球运动有助于塑造青少年健全的人格，显著改善社会适应能力，其效果优于其他挥拍类运动，如高尔夫等。在完善人格方面网球运动显著优于其他运动。有效地提高社交能力、学习工作的自觉性，增强竞争意识，提高危险识别能力，减少意外风险。提高专注力和进取精神。此外长期的网球训练可以提高学习工作的自律性和决策能力，个体在工作生活中具有更强的应对压力的能力，更强大的心理弹性以及沟通应变能力。网球通过"强身"又"强心"的作用，帮助青少年以积极的人生观，独立生存且适应社会地上好人生的必修课。

除了青少年的研究证据外，网球促进青年人的心身健康也有证据。一项针对76名土耳其20～22岁大学生志愿者的研究，每周一次，每次90分钟网球训练，持续13周，这项研究观察到网球训练可显著改善大学生的焦虑抑郁情绪，减少敌意和人际关系敏感。减少学生的焦虑带来的恐惧感，减少焦虑带来的强迫行为以及心理疾病导致的躯体化症状，全面提高青年人的心理健康水平。

除了网球改善心理健康水平外，网球在促进儿童智力发育的证据也有所突破。一项针对6～11岁儿童12个月网球训练的研究表明，网球运动可以改善儿童智力中最重要的能力——执行功能，这一能力是孩子心智水平和生活自理能力的最核心的认知功能。在年轻男性网球运动员与同年龄性别非运动员对照研究中发现网球运动可以明显改善网球运动员大脑认知功能。复杂运动技能的训练，可以使神经纤维表面的髓鞘[4]变得更厚，也被称为髓鞘化。而更完善的髓鞘化有助于传递更快速度更高质量的神经信号，提高神经环路的工作效率。"熟能生巧""老马识途"就是髓鞘化的结果。生活中看到的有些人在某一项复杂运动中表现出色，他们在其他项目中的领悟能力会更强，表现更出色也与这个生物学原理相关。

多数网球的研究观察的目标人群是智力健全的人群，个别研究针对智力发育缺陷的人群，通过网球运动的干预也有了惊人的发现。一项针对18～40岁有轻度至中度智能障碍的患者进行的迷你网球训练，采用质软、重量轻、体积大的迷你网球，配以短柄的拍子，用红、黄、绿三色区分，每周练习2次，每次2小时，持续6个月。研究结束后惊喜地发现智障患者的社会心理认知能力显著提高，显著地减少焦虑情绪，提高身体机能，增强自信和社交能力，提高自尊水平和生活质量。

研究者提出，在认知康复领域把迷你网球作为轻度至中度智力障碍人群康复辅助手段，值得更深入地进行研究。

网球的医学价值不仅可以显著提高儿童和青年人的自信自尊以及心理健康水平，任何年龄的个体参与网球运动均可以从网球运动中终身获益，提高自我效能。中老年人可以通过网球运动改善和保持认知功能，减少痴呆风险，而儿童和青年时期通过网球运动带来的大脑功能的储备，可以享用终身。2012年美国职业网球协会USPTA发起"网球——为了健康（Tennis－For the Health of It）"倡议。通过网球专业人士与医务工作者通力协作传播网球的医学价值，推荐将网球运动作为全生命周期的改善健康的运动项目。

《儿童权利公约》强调世界上每个孩子都是非常重要的。这一被全世界各国政府所签署的，具有划时代意义的文件中提出每一名儿童均享有在一个安全的环境中成长、不受伤害和免受暴力的权利。体育是儿童提高身体健康水平和保护儿童心理健康的重要手段。体育运动可以有效地连接家庭、社会、学校和个体，在全社会的各种资源有效整合的平台上，体育作为一种媒介载体和润滑剂能够全面改善儿童身心健康，提高学习效率，和谐人际关系。更有价值的是在儿童和青少年时期，以网球为代表的运动形式是优化大脑功能，促进大脑发育的"加速器"。就像运动可以打造发达的骨骼肌肉一样，复杂的网球运动可以打造适应能力更强的大脑。国际著名的儿童教育学家和心理学家Barbara Arrow Smith-Young（芭芭拉·阿罗·史密斯-杨）提出了著名的理论：大脑塑造了我们，我们也可以塑造大脑（Our brain shapes us, we can shape our brain）。网球运动可以促进儿童期大脑发育的健全、心理能量的储备以及完美人格的塑造，这对儿童和青少年一生的健康幸福有着深远的影响。

注释：

[1] 脑功能核磁共振：脑部影像学检查的一种技术手段，用来研究大

脑的精细结构与功能。是目前广泛采用的脑科学研究的神经影像学技术。

[2] 海马、额叶、颞叶、边缘系统：大脑重要的解剖结构，主管情绪、智力、思维等高级复杂功能。

[3] 多巴胺、内啡肽、血清素、去甲肾上腺素、乙酰胆碱、脑源性神经营养因子（BDNF）、胰岛素样生长因子（IGF-1）、血管内皮生长因子（VEGF）、成纤维细胞生长因子（FGF-2）：大脑中广泛存在的化学物质，具有营养神经细胞，促进和保护记忆思维能力，与智力、精神活动、情绪、睡眠、代谢和抗衰老等密切相关。

[4] 髓鞘：髓鞘是指包裹在神经细胞轴突外面的一层膜，其作用是绝缘，防止神经电冲动从一个神经元轴突传递至另一神经元轴突。同时还有保护神经元轴突并提高神经冲动的传导速度等作用。髓鞘发育完善，被称为髓鞘化，它可以使神经兴奋冲动沿着神经纤维传导速度加快，并保证其定向传导。髓鞘化是形成记忆的一种方式，能增强细胞组织间的连接。

第六章 Chapter 06

青少年网球项目运动心理

第一节　青少年网球心理概述

网球运动使"人"与"球拍"和"球"之间产生联系。网球场上不仅是运动员身体机能和技术技能的对抗，还有很大程度是双方在心理上的交锋。网球运动员在赛场上需要有稳定的心理和坚定的意志，因为运动员在比赛中不仅是努力战胜对手的过程，同时也是自我心理掌控的过程，战胜对手不易，可战胜自我则更难。心理素质的提高与比赛结果不一定有必然性，但一定具有相关联性。在网球比赛中运动员调控自我的心理状态，能够充分发挥自己应有的实力和水平。在网球运动中"网球"是人思维意图和主观意识的体现，需要网球运动员具备相应的智慧。网球运动以人为主体，以心智为核心能力的要求在未来高水平的赛事中将越来越重要。在这样的比赛中要想获胜，就必须具备良好的赛前竞技状态。

赛前竞技状态是指运动员在比赛前产生的准备战斗的心理状态。对于训练水平高、比赛经验丰富的运动员，他们对即将面临的比赛有着清醒的认识，不过多考虑比赛结果。而注重赛时如何发挥技术、战术水平，以充沛的精力、旺盛的斗志迎接比赛。运动员的大脑皮层处于与比赛相适应的神经兴奋过程，并显示出良好的心理反应，其感知觉灵敏，注意力集中，思维清晰，反应敏捷，情绪高涨且稳定。

网球运动中运动员的心理主要用"调整"和"控制"两个词凸显网球运动心理活动特点，这其中分为网球运动员对自身心理的调整与控制，包括运动员在训练比赛中所处状态，逆境、顺境、得势、失势、决胜等不同的状态变化；也分为对外部环境的调整控制，在网球运动过程中，网球运动员往往会因为场地、器材、装备、观众、裁判等因素，出现一些不良的心理反应，影响情绪思绪的波动，进一步影响竞技水平的发挥；同时还会涉及影响对方运动员的心理活动；包括在气势、激怒、消极、战术、策略等不同因素影响对手的心理活动；网球运动员提高网球专业适应竞技心理品质，能增强运动员的意志品质，使网球运动员的性格更健全成熟，提高网球的竞技能力水平，同时在竞技过程中稳定发挥自身的技术能力，甚至可以超水平发挥。

第二节　赛场上主观的不良心理因素

经常观看网球比赛的人都知道，网球赛场上的每一位运动员都会表现出不同的个性特征。有的运动员容易激动，有的运动员比较稳定。经过调查得到结论，在相同的情况下，运动员个性特征的不同，个人的表现方式也会不同，对同样的来球或比赛情况处理方式也不尽相同，同样也会影响到比赛结果。在网球竞技场上，运动员常常会产生以下主观不良心理因素。

1. 缺乏信心

网球运动竞技中，运动员的努力程度和坚持程度，主要为对竞技的渴望和参与积极性，也称为运动员的自信心。这是网球竞赛中心理活动的基本需求，运动员参与比赛的动力对运动员的竞技水平发挥起着直观重要的影响，比赛积极性过低的运动员无法完全调动竞技状态，同时运动员在比赛中也不能全身心投入。

缺乏信心的表现是焦虑，在网球比赛前，参赛运动员不能达到目标或不能克服障碍困难的威胁，致使自尊心和自信心受挫，或使失败感和内疚感加重，从而形成一种紧张不安并带有恐惧的情绪状态。常表现于极度兴奋，手脚慌乱，多余动作增多，声音颤抖，缺乏完整性的逻辑，不愿与人交往等，选手缺乏应有的自信心，习惯于未上战场就先打退堂鼓，经常担心自己完不成比赛目标。对此，选手可以选择一些简单易做的体育动作，譬如慢跑和热身等，这些动作简单易行，有助于舒缓绷得过紧的"弦"，不断预热，使自己的身体状态往竞技状态过渡，同时自信心会逐步增强。

2. 盲目自信

与上面所说的缺乏自信相对的另一个极端就是盲目自信。网球选手赛前盲目自信，是指选手对即将在比赛中遇到的困难估计不足，对自己的力量和能力估计过高的状态。这往往表现为网球选手在不了解对方的情况下，只看到自己有利的一面，沾沾自喜，对困难估计不足，当遇到困难时，又感到准备不足，力不从心，因为在思想和心理上的准备很不充分，只好任不利局面更为扩大。

处于这种状态的网球选手会出现一系列消极反应，如注意力、思维能力和动作准确性下降。情绪激动，兴奋性过高，内心压力过重，网球选手比赛中一旦遇到困难和挫折，情绪即刻低落，动作随之变形，以致丧失战斗力。

其产生主要原因：

（1）网球选手在取得一两次赛事超长发挥后，就过高地评价自己的能力；

（2）网球教练员或舆论环境过高评价，使之认为自己会比实际做得好；

（3）缺乏自信，害怕失败，但为使他人认为自己有信心而故意伪装。

3. 持久疲劳

由于网球比赛持续时间长，运动强度大，网球选手常常会产生持久性疲劳的状态。持久疲劳的根本原因是注意力的分配转移。注意力集中是坚持全神贯注于一个正确目标，不为其他内外刺激的干扰而产生分心的能力。当网球选手受赛场气氛和场外干扰，使得其注意力不能集中，会表现出神态紧张，只想到运动成绩，忽视了技术动作和战术调整。

正是由于网球比赛持续时间长，运动强度大，在场上局势的不停变化都会对网球运动员有很高的要求，网球运动的高强度或长时间持续活动而导致竞技能力减弱、错误率增加的状态，每位运动员的坚持性、独立性、果断性都不尽相同，只有具有顽强意志品质的运动员在比赛中遇到困难时才会坚持不懈，才会有很好的心理状态坚持比赛，并在最后取得比较优异的成绩。

4. 情绪过激

网球运动充满着激情与激烈，网球选手常在赛场上出现情绪过激表现，这也是运动员比赛失常的主要状态。它产生的原因是思想压力，对于比赛的困难和复杂性估计不足，同时，也与训练程度差，比赛经验少有关。

情绪过激的网球选手容易引起攻击障碍，这是心理素质不稳定和个性弱点的暴露。网球运动也是容易产生强烈的攻击性的一项运动，同时也会受到一定的网球比赛规则的约束，如在网球比赛中，由于某些因素而不能达到选手预期的结果进而运动员就会产生攻击障碍，有些运动员会采取过激的攻击行为发泄自己的不满情绪，而导致比赛的结果更不理想。

5. 压力过大

几乎所有体育运动项目的比赛，参赛选手或多或少都曾受到不同的压力，网球选手也存在这种压力，压力来自于不同级别的比赛、亲人或教练的期待压力，赛场中观众的压力等等，网球运动与其他项目相比，除了这些平常的压力外，在比赛中运动员还承受网球运动特有的压力，一个是有限时间压力，另一个是网球比赛规则潜在的压力。

网球选手要在有限的时间内处理来球的压力，在单打比赛中，运动员至少要在长度为 11.88 米、宽度为 8.23 米的场地里移动，大多只有一两秒、甚至零点几秒的时间去处理对方的回球，即在较大的空间里，有限的时间内，运动员须根据场上情景作出决策，这就给击球增加了许多压力。网球运动中击球强调的是到位击球，如果一方运动员处理球时面临时间缺乏问题，就会形成受迫击球或者受迫失分，甚至让对方打出制胜分的情况。一分球从开始到形成死球之前，时间压力时刻伴随着运动员，处理球的时间是一个重要的资源，时间充裕、压力小，时间缺乏、压力大。比赛中存在的时间压力会影响运动员的决策的选择、决策信心、决策质量等方面。

第三节 赛场上客观的不良心理因素

1. 裁判因素

由于网球比赛独特的记分制，而导致每球必争，每局必争，每盘必争。因为如此，裁判员的判罚尺度往往会影响到运动员的心理状态，并且有时会直接影响到比赛的胜负。比赛中裁判员的一次失误，尤其是在关键球的一个误判将为运动员带来什么影响是可以想象到的。由于网球运动的快节奏，不出现误判也是不可能的，这些都会影响到运动员的心理状态的变化，给运动员带来很大的心理压力，最终影响比赛胜负。

2. 观众效应

网球运动是观赏性较强的体育项目，网球选手在赛场竞技时，有直接观看的观众，也有间接（通过电视或智能手机）观看的观众。选手一般都有思想准备让别人评价他们的运动技能。毋庸置疑，观众对选手成绩是存在影响的，网球选手如果比赛经验不足，观众到场或者遇到观众偏激、环境杂乱、赛前准备不足等问题，都会影响网球选手的运动行为和运动成绩。

观众到场会提高运动员的一般的驱动力和唤醒运动员的技战术水平，促进运动员的优势反应增加；当优势反应是正确的反应时，到场观众会提高运动员的驱动力，同时促进成绩的提高；当优势反应不是正确反应时，比如掌握的是一种复杂技能，或者掌握的是处于泛化或分化阶段的技能时，那么提高驱动力会影响网球选手的竞技状态，使得成绩下降。

第四节　网球运动心理训练方法

在网球运动员培养的过程中，除了技术训练、战术训练和身体训练之外，加强网球运动员的心理训练，是培养优秀网球运动员的必经之路。网球比赛是靠运动员的头脑取胜的，在一场比赛中，如果没有打赢心理战，会使自己在比赛中处于非常被动的局面，反之运动员则可能超常发挥，把握场上的主动权。著名的网球运动员玛蒂娜·纳夫拉蒂洛娃曾总结自己成功的奥秘就是：在比赛中不论对手是谁，决不轻敌，总是集中精力打好每一个球。她说我一上场就把自己看成第一次刚上场的新手，对手是比自己状态水平高很多的强手，所以总是竭尽全力打好每一个球。可见运动员的心理调控是很重要的。

提高网球心理训练的方法可归结以下几类：

（1）提高自信的训练，包括：

① 正向自我激励法。

② 成功情景想象法。

③ 消极思维挑战法。

（2）控制情绪的训练，包括：

① 呼吸控制。

② 把注意集中在表现上而不是球上。

在比赛之前，球员应该从以下几点出发调整自我心理状态：

（1）制订比赛计划。

（2）比赛的应对预案。

（3）睡眠、休息。

（4）饮食。

（5）装备。

在比赛过程中球员应注意以下心理调整过程：

（1）上场前的心理调节。

（2）局间或盘间休息的心理调节。

（3）领先时的心理调节。

（4）落后时的心理调节。

（5）相持时的心理调节。

第五节 提升网球运动心理素质

1. 树立目标

网球选手在训练时，要明确训练比赛的目的和任务，树立正确的比赛动机和建立取胜的信心。赛前心理训练主要根据运动员的个性特点和竞赛对手及比赛时会出现的问题情况，而采取适当的应对措施。比赛中需要运动员具备抗干扰的能力，同时要有耐心，稳扎稳打，同时要不断放松和调节心理，做到集中精力，发展技术，根据不同对手和不同局面，不断调整战术。

要建立形成良好的自信心，一是要有实力，二是要有正确认识自己和周围客体的能力，缺少真正实力很难有自我信任。但有时，虽然具备了一定的实力和优势，却不能正确评价自己，低估或高估自己实力，被对手一些表面和虚假的东西迷惑，在比赛场上也难有真正的自信。所以这里面既有一些客观因素又有一些主观因素，既有一些身体、技术和战术方面的东西，又有一些心理的东西。

在很多人看来目标设立很简单，比如90%的青少年网球运动员都会说想成为职业运动员，这当然也是目标，但这是一个很笼统、不好细化的目标。对于运动员来说，需要设立的是具体的训练目标。设立训练目标的过程首先是一个认识自我的过程，知道在哪里，然后才能谈得上到哪里去。

目标的设立是一个"认识"到"做到"的过程。要分析自己技术上的长处和弱点，底线、网前、正手、反手、一发、高压球、移动、体能，在这些方面的弱点是什么？知道自己的弱点，然后是怎样改进。改进的方案需要细化，并制订实施计划。教练要鼓励网球选手正视自己，根据自身的特点去设立目标，而不是教练或家长代劳。设立的目标要可测量，比如一发成功率、体能方面的折返跑速度等。目标一旦定好，教练和选手在训练时要互相配合努力去实现这个目标。最后就是什么时候预计能达到改进的效果，然后在此基础之上，再设立更高的目标，从而一步一步脚踏实地走好每一步。之所以把设立训练目标也作为一个心理学的范畴，因为一个可度量和细化的目标不仅仅是一个努力的方向，更是一个自我激励的心理基准。通过不断冲击自己前面的目标，青少年网球选手不仅仅在技术上得到提高，而且对增强信心、激励自我、培养坚持不懈的毅力都极有帮助。

2. 制订计划

网球选手需要进行长期的系统心理压力训练，常以赛代练，并长期适应比赛状态下心理和技能及运动技术的结合，以适应比赛需要。进行认真细致的赛前准备，特别是比赛过程中可能出现的问题要有应对策略，完成赛前各项准备工作，熟悉比赛环境，增强自身的适应能力。根据自身能力，结合实际环境，树立切实可行并稍高于实际水平的目标，作为心理预期定式。

网球选手需要加强专项注意力和稳定性，在日常训练中将场景调整为比赛状态，对周围事物做到视而不见，锻炼自己的抗干扰能力，用暗示的方式，调整控制不安的情绪和注意力。通过长期刻苦训练，熟练准确地掌握技术动作，增强稳定性发挥正确的技术动作，多思考比赛中的过程和技术，少想比赛的结果，这是网球选手在比赛中获胜总结出来的一种良好的心理调整的方式。

3. 准备充分

由于网球场地的多样性，网球选手要善于使用各种条件下的比赛环境，赛前选手要在网球场地实地练习，对新环境和场地有了认知和熟悉程度，便不会产生生疏感，从而增加创造成绩的信心。建立自信心提高技战术技能，扬长避短，调整备战生理状态，知己知彼，做好备战准备，注重过程和细节。

4. 自我定位

每位网球选手，特别是青少年选手成长环境和性格取向不同，很多心理上的细节需要教练和家长去把握，然后帮助选手对自己有一个比较清楚的心理定位，这样青少年才能通过训练、比赛有意识地反复体验，并在各种场合和环境下学会调整自己的心态、控制自己的情绪，从而在心理和性格上慢慢走向适合于网球运动的方向。

针对不同脾气性格的网球选手，要有不同的方式方法，而目标只有一个，就是把他们引向有利于网球运动发展的心理取向上来。比如有的孩子过于温和，未比赛气势上先输人三分，那么我们需要培养孩子的侵略性（Aggressiveness），需要多鼓励，帮助他们建立更多的自信（Confidence）；而有的孩子太要强，一旦输球又容易气馁，这样需要培养孩子正确的比赛态度和认识，在他们输球之后帮助他们分析比赛中心理的波动对动作的影响；而有的孩子过于急躁，总希望用全力一拍制伏对手，而这样的后果是主动失误增多，那么我们需要培养孩子更多的耐心。有的孩子在比赛中的发挥起伏很大，我们可能需要重点培养他们长时间地集中精力和专注做一件事情。

5. 主观思维

网球选手当有了比较准确的心理定位之后，需要教练和运动员之间的相互信任和长时间的配合，青少年网球选手一般需要2～3年时间才能完成一个心理上的跨越，所以不能指望短期之内"成熟"起来，而是要在技术训练的同时，坚持不懈地对他们的心理进行指导和培训。

比赛主观思维调控，是选手对于比赛过程中战术决策的运动程度和自身根据赛场内外部条件所作出的反应。在网球比赛中，选手要通过积极的自我暗示，即通过与赛场环境及临场竞技水平任务有关的自我暗示、鼓励和努力、情绪语言等暗示方法才能建立运动员自己的信心。自我暗示是发展情景自信心的一种重要的认知策略，可以是语言的，也可以是思想的；选手根据比赛中的竞技能力、体能、技能、战术能力、运动智能和心理因素进行调整，达到充分发挥、顽强拼搏的主观思维产生的内在因素。

第七章
Chapter 07

中国网球公开赛青少年培训体系

TENNIS

中国网球公开赛作为网球教学和网球培训运营管理的推广机构，其教学体系及课程管理，以美国职业网球协会（USPTA）和国际网球教练员组织（PTR）的网球教学理论为基础，结合中国青少年网球发展实际情况，以及多年从事网球校园推广的经验积累，打造了中国网球公开赛网球教学研发中心，不断完善青少年网球教学及运营体系，从而奠定了网球运动普及的教学理论基础。

第一节 不同年龄阶段青少年学员的身心差异

虽然青少年学员身体素质发育水平差异很大，但是14岁以及更小年龄的学员大多数正茁壮成长且开始进入青春期。6～14岁期间学员身体发育速率稳定，每年长高6厘米左右。因此这个年龄段是教他们基本的击球技能和学习比赛的最好时机。

正因此中国网球公开赛青少年训练体系重点研究了6～14岁期间学员的身体能力、智力能力和情感能力。学员的这些能力在训练过程中的不断发展需要由专业的青少年网球教练员来进行正确的引导。这就要求教练员不仅需要拥有丰富的教学经验、合格的技术水平，还要充分认识学员的个性特征。经过多年的经验分析以及大量相关材料的研究汇总，中国网球公开赛青少年教学体系试图将不同年龄段的学员进行划分并归纳各个年龄段学员在身体能力、智力能力和情感能力上的共性。通过对共性的认识帮助教练们更快地了解自己所面对的学员的特性，从而给予学员有针对性的指导。

6～14岁年龄段的孩子由于正处于身体、心理快速发育的阶段，略微的年龄差别都会带来明显的特性差异。因此，中国网球公开赛青少年培训体系中将学员分为三个年龄阶段，分别为6～8岁、9～11岁、12～14岁。

一、6～8岁年龄段的孩子

（一）6～8岁年龄段的孩子的智力和情感特性

6～8岁年龄段的孩子的智力和情感特性如下：

（1）好奇心较强，任何事情都可能吸引到他们，因此很难要求一个活动乐趣横生并且积极向上，因此不同的活动必须达到同样的目的。活动必须频繁变化而且简单、基础。排队打球是没有必要的，非常枯燥、不适宜。让孩子们两人一组或组成小组练习能使他们进步得更快。设定一系列的活动能使他们保持兴趣，如此一来，成功和进步的几率会大大增加。

（2）更加自信，因此营造一个积极向上、不断激励的环境至关重要。

（3）更能集中精力于一项任务，但时长较短，因此将他们配对或划分小组训练能吸引他们的注意力。

（4）能倾听指令并快速执行教练发出的简单指令，因此教练应该给他们简单的指令和积极正面的反馈意见，告诉他们哪里做得好，并为他们的能力提升感到高兴。

（5）对该年龄段的学员来说，通过模仿的学习最有效（视觉学习），因此教练应该示范他们需要做的动作并让他们去尝试着做。随后在孩子们能做正确的动作部分安排活动。

（6）学着做一些简单的决定（两者之间做抉择），因此鼓励他们处理简单的问题并为其所做的正确决定鼓励表扬他们。

（7）经常需要并寻求成人的批准，因此教练和家长必须向他们演示做什么、怎么做，并且在他们做出努力的时候表扬他们的付出。

（8）慢慢地理解比赛以及输赢的概念，因此教练可以提供一些无压力的得分机会。

（9）如果家长在旁边的话，给家长定下规矩，他们可以近距离安静观看，并且孩子们可以看到他们，他们会开心。如果家长要来协助，确保他们不仅仅只关心自己的孩子。

（10）能与人分享，并且能帮助组内其他成员，因此给他们一些简单的"教学"任务。

（11）可理解简单的规则和公平原则，因此教练可以将一些基本的规则引入简单的比赛活动中。

（12）喜欢和同性朋友在一起，因此先让他们跟朋友在一起练习，之后在课程后半段男孩和女孩都安排在小组练习中。

（13）喜欢承担简单任务和达到简单要求，因此在课前、课中和课后给他们具体的练习任务并在他们完成后给予表扬。

（14）能接受教练和管理层的决定，因此当孩子们照着决定做时给予表扬。

（二）6～8岁年龄段的孩子的体能水平

6～8岁年龄段的孩子的体能水平如下：

（1）能够培养大肌肉运动技巧。比如抛掷，男孩可以有更多的转身和力量抛掷，但仍需要培养女孩这方面的能力。

（2）应参与许多不同的体能活动。这至关重要，因为技能可以由不同的运动和活动获得和培养。

（3）反应较慢，并且许多孩子都会觉得跟踪球的轨迹和击球非常困难，但是孩子们可以在帮助下熟能生巧。

（4）与大孩子和成人的技能有巨大差别，因此必须量体裁衣、寓教于乐，设计很多不同的适合他们的有趣活动。

（三）6～8岁年龄段的孩子需要培养的关键技能

6～8岁年龄段的孩子需要培养的关键技能如下：

（1）灵活性、静动态平衡、简单和较复杂的协调性、速度。

（2）适合自身体重的力量练习。

（3）柔韧性。

（4）向前跑和向后跑、跳跃和跨越。

（5）扭转、转身和滑步。

（6）抛掷、上手发球、双手接球、击球和回击。

（7）使用不同类型的装备。

（8）反应速度和跟踪球轨迹的技能。

二、9~11岁年龄段的孩子

（一）9~11岁年龄段的孩子的智力和情感水平

9~11岁年龄段的孩子的智力和情感水平如下：

（1）喜欢有趣的活动，可以通过带孩子们进行不同的活动保持高度兴趣度（比如，围成一个圈进行活动）。

（2）视觉学习，示范他们应该做的动作，然后尝试让他们做这些动作。比赛中教授并培养技术技能（发球和对攻）以提高他们的打球能力。

（3）能较长时间集中注意力，因此能更长时间地对同一练习或更难的练习进行训练。

（4）对他们喜欢的人感兴趣并受这些人的激励和影响，因此教练必须热情洋溢、精力充沛、积极向上，并且需要不断地激励他们。

（5）更独立并能解决问题，可以给予他们一些责任并且让他们解决一些简单问题，比如在比赛或练习中进行。

（6）虽然孩子们还需要帮助学习如何面对输赢的结果，但是已经能理解输赢的概念，因此教练可以采取不同的模式和施加压力的方式给他们提供大量的竞技机会。

（7）能和其他人分享并帮助他人，可以划分不同的小组训练并锻炼他们教授其他的球员，这样能增强其自信。

（8）喜欢在团队中的感觉，特别是女孩们尤其如此，因此团队比赛是教给孩子们输赢技巧的好时机，这样也让网球训练妙趣横生。

（9）能学着设定简单的目标，可以为本节课或后面几节课程设定具体的练习任务。

（10）需要成就感，可就具体的技能培养方面设定练习任务确保其能顺利完成，这样也可以锻炼具体的技能。

（11）发觉很难区别能力和努力，因此培训环境必须积极向上、充满激励，教练应该对孩子们表现出的能力和付出的努力一视同仁地表扬。

（12）越来越果断，更善于做决定和选择，设定需要他们做决定的练习任务和挑战，尤其可以将这些任务设定在比赛中。

（13）清楚自己喜欢和讨厌的人，先让他们和朋友们待在一起，然后以不同的方式将球员短时混合到其他小组练习。

（14）喜欢与同性朋友一起练习，先按性别分组然后再将球员们混在一起。

（15）喜欢倾听成人意见，教练要频繁地向他们反馈对练习任务的评价。

（16）能清楚地说出自己的意见想法并能清晰地解释事物，教练能够让他们评价自己的表现，并且将这些表现填入课程评估部分。

（二）9～11岁年龄段的孩子的体能水平

9～11岁年龄段的孩子的体能水平如下：

（1）更能展现流畅娴熟的技能。

（2）反应能力有明显的提高，能够更好地执行教练的要求。

（3）力量依旧薄弱，不建议进行力量和耐力的训练，应该循序渐进地以技术动作、球感、身体能力等为主要训练目标。

（三）9～11岁年龄段的孩子需要培养的关键技能

9～11岁年龄段的孩子需要培养的关键技能如下：

（1）灵活性、动静态平衡、简单和较复杂的协调性、速度。

（2）适合自身体重的力量练习、柔韧性。

（3）向前跑和向后跑、跳跃和跨越。

（4）上手发球、单手或双手接球以及击球。

（5）核心力量。

（6）反应速度和跟踪球轨迹的技能。

三、12 岁及以上年龄段的孩子

（一）12 岁及以上年龄段的孩子的智力和情感水平

12 岁及以上年龄段的孩子的智力和情感水平如下：

（1）球技参差不齐。

（2）开始进入青春期，但是进入青春期的情况各不相同。女球员们通常比男球员们早熟两年。

（3）性别差异逐渐展现。

（4）男球员和女球员之间存在差异，即使同处 11 岁，两者的心智、情绪、体能和社交方面都各不相同。

（5）12 岁时许多女球员们历经初潮而小部分男球员开始进入青春期，展现男性性征。前后两者都因荷尔蒙作用，而这使得与这些孩子们的社交互动有点难以预料。

（6）更能集中精力，由此能较长时间地做同一个练习。

（7）更加自信，单人竞技时也充满信心已经认定网球是他们想从事的运动事业，因此他们需要寓教于乐、目标清晰的高质量培训计划。

（8）能够设定中短期目标由此判定自己是否进步。

（9）了解承担责任和领导能力，由此可借由外因诱导帮助他们发展这两种能力。

（10）更加果断自律，由此可以学习和参加特定形势下更具战术性的比赛。

（11）了解努力和能力的关联性，逐渐意识到哪些球员技艺比他们高超或逊色，由此意识到勤学苦练不断完善的重要性。

（二）12 岁及以上年龄段的孩子的体能情况

12 岁及以上年龄段的孩子的体能情况如下：

（1）迅速成长，易疲劳，经常需要休息。

（2）力量不太大（骨骼快速增长，需要一定时间练习后肌肉才能赶上骨骼生长的速度）。

（三）12 岁及以上年龄段的孩子需要培养的关键技能

12 岁及以上年龄段的孩子需要培养的关键技能如下：

（1）敏捷度。

（2）动静平衡。

（3）综合协调。

（4）力量练习，采用与自己体重相符的练习方式。

（5）灵活性。

（6）直线、横向和各方向的冲击速度。

（7）核心力量。

（8）耐力。

第二节　青少年网球训练阶段的划分

青少年学员在网球训练中技术不断进步，为了便于区分不同训练阶段的学员，使水平尽可能相近的学员一起训练，中国网球公开赛青少年训练体系中将学员训练划分为三个阶段：初级阶段、进阶阶段、高级阶段。当然在评价体系中对学员会有更加精细的划分。

一、初级阶段

初级阶段的学员是指零基础学员及大部分一年以内球龄的学员，其运动水平没有达到进阶阶段的要求。

二、进阶阶段

进阶阶段的学员具有以下特点：

（1）一般需要完成大概 64 课时的训练。

（2）与教练可以进行 10 回合以上隔网对练。

（3）正反手技术动作完整流畅。

（4）步伐调整较快。

（5）拥有下手发球的能力。

（6）有比赛意识，即在场上懂得合理占位与跑动，主动调动对手，拥有预判能力、回球能力、进攻能力。

三、高级阶段

高级阶段的学员具有以下特点：

（1）拥有上手发球的能力，并且二发命中率达到 70% 以上。

（2）回合过程中球速较快，力量饱满。

（3）可以打出强有力的上旋球。

（4）正反手击球攻击性较强。

（5）有意识控制球的落点，使球的落点 80% 以上位于深区（距底线不超过 2 米，距单打边线不超过 3 米）。

（6）技术全面，正反手、发球、高压、截击等动作都可以灵活运用。

（7）比赛意识较强，在适合的情况下果断地执行上网动作。

第三节　教学课程分类

网球是一项技术种类复杂、战术打法多样的体育运动，培养青少年参与训练的目的，不仅是学习技术技能，还希望他们学会尽可能获得比赛胜利的能力，因此在训练过程中，需要全面包含基本的身体素质锻炼、网球技能培养、网球文化学习、竞赛知识、战术技巧等。这就需要拥有一套完整的教学方法，全方位提高学员的网球能力。

从教学方法上来说，青少年训练课程分为以下几大类。

（1）专项体能课：针对网球训练所需的身体素质的锻炼，重点培养学员的爆发力、耐力、反应速度、灵活性、协调性。

（2）技术训练课：网球技术能力的训练，以正反手击球、发球、截击、高压为基础，组合角度、深度与球的旋转的运用。

（3）参赛计划：教练应该鼓励学员积极参加比赛，并为学员制订独立的参赛计划，推荐学员参加与其水平适宜的比赛，并给予参赛指导。

（4）观赛解析：组织学员观看比赛，可以是视频观看，也可以是现场观看，比赛种类包括与自身同水平的比赛、比自身高水平的比赛以及职业比赛，在观赛过程中讲解比赛中对各项技术的运用以及战术打法分析。

（5）理论课：主要针对初级阶段的学员，讲授网球历史、文化礼仪、赛事、竞赛规则四个部分。

以上 5 类教学方法在实施过程中既是独立的又是相互结合的，比如有单独的专项体能课，但是每一节技术训练课的热身阶段也都是对专项体能的简短锻炼，而且在训练课中也会时常插入小的比赛，让学员进行技术训练之后很快得到技术使用的机会，在使用过程中进一步深入体会技术要领。

第四节 训练班的划分及对应训练条件

中国网球公开赛青少年训练体系对学员训练阶段进行了划分，不同的训练阶段是在分班设计中考虑的一个方面，同时考虑到不同年龄阶段学员的身体及心理差异，因此年龄也是分班设计中考虑的另一个方面。在中国网球公开赛青少年训练体系中共分出5类训练班，分别如下。

◆ 初级阶段小班：面向6～8岁并处于初级阶段技术水平的学员开设。

◆ 初级阶段中班：面向9～11岁并处于初级阶段技术水平的学员开设。

◆ 初级阶段大班：面向12～14岁并处于初级阶段技术水平的学员开设。

◆ 进阶阶段训练班：面向处于进阶阶段技术水平的学员开设。

◆ 高级阶段训练班：面向处于高级阶段技术水平的学员开设。

需要特殊说明的有两点。

（1）在分班过程中，对学员年龄的划分并非严格限制，只是对学员身体及心理特征的区分，目的在于让同等身体和心理条件的学员在一起训练，这样便于教学方案的实施，也更好地有助于学员的进步。如果遇到发育偏早或偏晚的学员，应根据学员的实际情况进行分班，比如对于8岁身体发育较早、身体素质明显高于同龄者的初学学员，也应将其分入初级阶段中班。

（2）对于进阶阶段和高级阶段的学员，虽然不再进行细分，但这两类班级的学员中也会存在年龄和技术水平的差别，因此在分班时也要将水平相近、年龄相仿的学员尽量分在一起。注意水平的区分应该优于年龄的区分。

不同训练班对应不同的训练条件，这里主要指训练的场地和训练用球。

- 初级阶段小班：推荐使用迷你球场，训练使用红色儿童球。
- 初级阶段中班：推荐使用迷你球场，训练使用橙色儿童球。
- 初级阶段大班：推荐使用青训球场，训练使用橙色儿童球。

进阶阶段训练班推荐前期使用青训球场，并逐步向标准单打场地过渡，训练前期使用橙色儿童球，并逐步向绿色儿童球过渡。

高级阶段训练班推荐使用标准单打球场，训练前期使用绿色儿童球，并逐步向黄色成人球过渡。

第五节 技术训练课课程结构

一、热身运动占课程的 20%

热身是每节课的开场内容，不过对不同年龄段的孩子们来说，热身的目的与年龄大些的孩子或成年学员不同。教练的责任就是观察并且分析学员的表现，而且也需要尽可能地不断提高学员的运动体能。

热身运动需要：

- 充分让学员动起来，起到热身的效果；
- 合理组织，事前规划好不同的体能训练；
- 吸引学员注意力，寓教于乐，充满乐趣，营造整节训练课的积极氛围；
- 注重质量，为该年龄段量身定制，促进学员的体质发展；
- 多组织小组集体配合的活动。

科学的热身活动需要遵循特定的顺序，开始的时候可以组织学员进行大型肌肉群练习，如向前、向侧面和后面跑步、跳跃运动，这样的运动可以使心跳加速，快速达到热身的效果。然后，在彻底热身、疲劳之前，可以进行速度训练，之后再进行综合协调性训练，比如步伐、球感、稳定性和平衡性等。最后，应该有简单适宜的力量练习，然后组织学员喝水休息。

一系列的热身活动不应该只是体能的锻炼，而要与课程中要学的具体技能相关。比如如果课程要涉及正手和反手练习，孩子们可练习侧面移动并学习用另一只手在腰部高度接球。最好在热身过程中就能够加入有球训练。

针对 6～8 岁的小学员，应安排 5～6 个不同的趣味练习，而对 8 岁以上的学员应该安排包括 7～9 个热身运动。

二、技能训练占课程的 50%

技能训练是技术训练课的主要内容，教练需要根据中国网球公开赛青少年训练体系的教学方案组织训练，培养学员的技术技能，所有的技术培养必须谨遵技术要领。

有迹象表明，当学员没学到那些能够提高他们比赛技能的技术时，他们会放弃这项运动。过去网球课经常将重点放在与比赛本身没有关联的技术技能上，因此这也让学员觉得课程枯燥乏味且单调重复。

小学员一般能在寓教于乐的活动中学习到不同的技能，并且学员可以在不知不觉的情况下学习到这些技能，比如：沿着地面击球对任何学员来说都很容易。它需要一个挥拍的动作，类似于在身体的侧面击球。这就类似于球在弹跳一次之后在身体侧面击球。另外，能通过沿着地面击球的方式进行对攻，同时学着计分。手不过肩的方式向同伴喂球有利于学员培养手臂挥动的能力和基本的反手送拍技术。身体与球之间保持一定距离挥拍击球的动作，促使学员采用半西方式握拍方式，这时需要正式教握拍方式。

6～8 岁学员用的装备和球场的改革，意味着现在的教学可在起步阶段就培养学员们发球、对攻和得分的基本技能。即基本上从学习开始就了解如何比赛。教练现在可以有很多创新活动并更加吸引学员的注意力。

通过技术训练需要让学员掌握三个方面的能力。

◆ 判断能力：当球朝他们飞过来时，迅速做出反应，跟踪球的轨迹和预判球的落点，决定在何处接球。

◆ 处理能力：教练应该在 64 课时内将球场上常用的处理球的技术方式都教授给学员，包括发球、正反手击球、高压、截击等。

◆ 控制能力：学员通过对球的判断和处理，达到对球乃至对整场比赛的控制，包括控制球拍、控制方向、控制球速、控制落点等。

三、比赛情景占课程的 20%

培训目标是将学到的技能运用到比赛中并评估学员的能力。在课程中培养学员的比赛能力，而且应做很好的规划，这样对学员来说，学到的技能才能被运用到真实的比赛场景中。教练教发球、对攻甚至截击的技能，目标是帮助学员更好地打比赛。应尽早地引入得分体制。对学员来说，看得见的得分非常管用。并且，这里所说的得分不仅包括学员在拥有一定技术后进行的网球比赛的模拟，也包括在初学阶段及后期游戏阶段的任何可以以比赛形式进行的活动，比如游戏环节落在锥体上的球、桶中接到的球等，都可以以标准网球比赛的计分方式开展进行。

比赛情景环节可以归纳为两种模式。

合作模式的比赛：培养比赛技能的第一步是帮助学员尽可能多地击球过网，减少落网是最基本的比赛能力之一。通过合作模式的比赛，让学员通过配合获得更多的回合对攻，有助于提高学员的比赛稳定性。

竞技模式的比赛：培养比赛技能的第二步是教学员将球准确地打入球场中不同位置。如果对手不得不跑去接球的时候，他们会发现很难回击。一旦学员能将球打过网，他们应尝试不同的比赛和演练方式，打斜线球或者直线球。因为不同的球场有不同的大小和形状，学员能非常迅速地学习打离身球或长球、高球或低球、快球或慢球，尝试让对手的回球变得非常困难。随着学员球技不断进步，训练过程中的比赛可从合作模式发展到竞技模式，逐步演变。在比赛情景中除了让学员关注当节课所学的技术以外，教练还需要让学员关注自己的站位和步伐，这是需要在每一次训练中养成的比赛习惯。

学员提高比赛能力很重要的一点就是学习良好的站位以便更容易接下一个球。他们需要学习在打完一个球后迅速地准备接下一个球。这意味着发球后准备好对攻，回击后准备好迎接下一个球。教练需要组织不同的比赛和演练来帮助小学员们时刻准备好面对下一个球。

学习打比赛、学习规则和学习得分的方式应该是每节课程的最重要又有趣的部分。教练可设置不同的比赛激励小学员学习网球的精髓。

四、放松练习和家庭作业占课程的 10%

课程结束时，学员们应进行放松活动。放松活动应由慢跑和不同的静态伸展组成。6 岁以下的学员的放松活动应该是舒缓活动，让学员在离开前平静下来。

在放松阶段，教练需要带着学员一起回顾这一节课的训练内容，评价学员表现，让学员自己谈一谈对这节课的感受，这样通过反思让学员对训练内容留下更深刻的印象，下节课程的目标和内容也应在此时规划。最后教练需要给学员留家庭作业，让学员和家长一起提高技能。这可以是学习或提高他们的跳绳技能或一只手接球等简单的身体或球感训练。

第八章
Chapter 08

如何选择网球器材

TENNIS

第一节　如何选择网球拍

一款适手的球拍，就像一把利器。从事网球运动的选手，都希望拥有一只适合自己的球拍。由于每个选手的特点和打法各不相同，因此对于球拍的需求也就各异。

对于青少年学员来说，我们不建议 12 岁以下学员使用标准球拍，而是应该使用与自身相适应的儿童球拍，12～14 岁的学员可根据自身体质情况酌情选择。在球拍的使用上，太重的球拍会使球员在挥拍时动作迟钝，太轻的拍子则不易处理强力来球，所以必须选择一款合适的球拍。儿童球拍的选择相对简单，主要考虑球拍的大小与材质；标准球拍的选择较为复杂，需要从球拍重量、拍面大小、球拍弹性、握感等多个方面综合考虑。下面首先介绍儿童球拍的选择。

一、儿童球拍尺寸的选择

随着网球理论的不断完善和生产技术水平的不断提高，网球器材产品越来越全面。几乎所有品牌的器材商都有针对青少年网球学员使用的儿童球拍，儿童球拍的选择主要考虑球拍的材质和长度。

球员需要离身体一定距离控制球，这意味着需要非常好地控制拍柄的长度以击球。青少年处于力量发育阶段，因此使用标准尺寸的球拍对他们来说比较困难，原因有三：

（1）拍柄的长度与他们的臂长不成比例；

（2）当他们的手臂伸展开来的时候，重量在离他们身体最远处，很难控制球拍；

（3）他们的手握不住拍柄。

如何选择网球器材　第八章

为了成功培养学员坚实的基本技术，小学员需要合适长度和重量的球拍，并且球拍拍柄的大小要适合他们的小手。中国网球公开赛青少年训练体系给不同年龄的学员提出如下建议：

◆ 6～8 岁的学员应该用 19 英寸、21 英寸或 23 英寸的球拍；

◆ 9～11 岁的学员应该用 21 英寸、23 英寸或 25 英寸的球拍；

◆ 12 岁及以上的青少年应该用 25 英寸、26 英寸或标准球拍。

具体在选择球拍时，可以让学员在正常握拍的情况下手臂自然下垂，如果球拍刚好触地，说明球拍大小最为合适。

二、儿童球拍材质的选择

很多人在选择网球拍时不注意球拍的材质，其实材质对网球手感的影响是非常大的，最基本的就是不同材质阻尼值的区别，大阻尼材料具有很好的减震效果。举例来说，当我们手握木棍和铁棍，以相同的力量敲打地面时，握住铁棍的手会感到更强的震动以至于产生手心发麻的感觉。当我们手握球拍击打网球时，球拍的减震效果对手感将有同样性质的影响。

目前市场上销售的儿童球拍主要包括三种材质：铝合金材质、碳铝材质、碳素材质。除此以外，也有称为钛等材质的，大多是在碳素材料中加入钛等材料混合而成的，目的是改变球拍的重量和硬度。

1. 铝合金材质

铝合金材质的球拍相对来说比较重，拍颈部位的三角形区域为拼接组成，有明显的接缝。铝合金的减震效果较差，售价也较低，铝合金材质网球拍一般从几十元到几百元不等。

2. 碳铝材质

碳铝材质球拍的各项性能介于铝合金与碳素材质之间，从外表来看与碳素材质相似，但是性能要比碳素材质的球拍差很多，选择时需格外注意。一般碳铝材质的球拍摸起来手感偏凉，这是因为金属的导热性强的原因，而碳素材质的网球拍摸起来则不会有凉凉的感觉。

3. 碳素材质

碳素材质的球拍相对来说性能更好，质地较软，质量也较轻，市场上大部分高档球拍都是这种材质的。从价格方面来说，碳素材质的球拍大多较贵，少则数百元，多则上千元。

三、儿童球拍其他属性的选择

对于成人或者身体条件较好的青少年学员来说，儿童球拍的长度及重量都不能满足他们的使用需求，这时候我们就需要购买标准的网球拍了。选购标准网球拍时我们除了要考虑球拍材质以外，还需要考虑球拍的以下属性。

（一）球拍重量

现如今网球器材市场越来越大，品牌越来越多，各器材生产商的产品种类也在不断扩大。市场上销售的网球球拍的重量主要集中在260到330克之间，原则上技术越好、力量越强的选手使用的球拍重量越大，反之重量越小。若网球选手已经达到了中等水平，则球拍的重量对提高球手的水平来说尤为重要，因为选手已经具有必备的技术能力，再向球速、落点深度、旋转度方面发展，轻的球拍已经帮不上忙了，越重的球拍就越利于选手加力，更多地打出制胜球。

具体来说，使用 320～330 克重量的球拍可以更加稳定地处理强力的来球，帮助选手接住对手打出的超重球或超快球，同时重球拍也能够打出速度更快、力量更强的攻击球，但同时这就要求选手自身具备较好的身体条件，有足够的臂力及体能挥动较重的球拍。300～320 克的球拍相对来说重量较为适中，以兴趣休闲为目的的学员，参与网球训练，主要是为了锻炼身体或尝试接触网球运动，可选择这一重量区间的球拍。一般来说，球拍重量适中，对使用者的身体素质要求没有那么高，同时也能保证较好的击球稳定性，使用得更加广泛。对于体能较弱的选手，尤其是年轻女性，则可以选择 280～300 克的球拍，球拍较轻便于球员挥动和控制球拍。对于提前使用标准球拍的青少年球员，因为力量没有完全发育，可以选择 280 克以下的超轻球拍。

在球拍的选择上，使用者切忌盲目追求大重量的球拍，纵观职业赛场上也很少见到超重的球拍，因为真正在比赛中，球员们对球拍的灵活控制往往比强力击球更重要。使用者应该根据自己的身体条件和打法习惯，选择重量最顺手的球拍。

（二）拍面大小

网球拍面越大越易学，而且球拍的合理击球区域（俗称的甜区）也大，这样在击球时稍微偏离中心，也能击中网球，但劣势是击球缺少速度，对球的控制性较差。市场上销售的网球拍拍面大小主要介于 90～110 平方英寸（注：1 平方英寸 =6.4516 平方厘米，即 $1in^2=6.4516cm^2$）。

对于初学者及体力较弱者（如女性和中老年选手），适合使用拍面较大的球拍，如 100～110 平方英寸的拍面。对于高水平选手及身体素质较好的选手可以选择小拍面球拍。通常 100 平方英寸以下的球拍，我们称之为小拍面球拍，职业赛场上的球员使用的基本上都是小拍面球拍。例如，费德勒在职业前期使用的是 90 平方英寸的球拍，随着年龄增长，所使用的球拍也逐渐改为 97 平方英寸。小拍面球拍击球球速快，对球的控制能力更强，但对选手的击球准度要求也更大，需要球员有扎实的技术基础和击球稳定性，否则稍有偏差就可能会导致击球失误。

（三）球拍弹性

球拍弹性就是我们通常说的软硬度。通常来说，球拍的软硬度决定了球拍的特性。每个球拍的拍面形状，都有它独特的设计理念，球拍的软硬程度也是选择球拍的考虑因素，每个网球拍的吊牌信息中会有软硬度标识，多数是以数字来表示，数字越大，硬度越小，所需的挥拍动作越大，力量也要更强。

硬性球拍的反弹力较大，击球时强劲有力，拍面有效击球点的范围较大，减震效果好，使用起来舒服且强劲有力。硬性球拍适合大部分业余网球爱好者使用。对于年龄较小的球员，尤其是女球员，因击球动作幅度小，挥拍速度慢，适合使用拍身较硬、反弹力更强的球拍，这样无须太大动作，她们就能获得足够的威力和深度。

大部分软性球拍拍头较轻、拍面较小。软性球拍属于弹性球拍，击球时拍框弹性变形较大，触球时间较长，所以对击球落点控制得较好，需要有较强的身体素质来完成动作，这样的球拍同样适合中高级水平的球员使用。一般身体素质强、挥拍速度快、动作幅度大的选手建议使用球拍承接能力强、拍身较软的软性球拍，因为它们能够完成幅度大、速度快的挥拍动作。

当然在职业赛场上我们偶尔也会见到拥有超级爆发力的选手使用硬性球拍，这是为了将力量与速度发挥到极致，希望借此赢得制胜分。

（四）握感

当选手具备了一定的技术水平时，对于球拍握把大小的选择也会有一定的要求。握把太粗的球拍容易使人疲劳，灵敏度降低，不方便处理小球、截击球，而握把太细的球拍不易抓紧，遇上力道强劲的来球容易松动而翻拍。为提高网球技能，不仅要根据选手的握拍舒适度，还要根据选手自身的身高、体型和体能来考虑。

对于有一定技术水平的网球选手，其技术动作已相当稳定，因此可根据其自身网球技战术特点，身体素质的强弱、挥拍速度、动作幅度等方面的因素，来选择球拍的款式。如不能确定自己适合使用的球拍的类型时，可以尝试中幅型的球拍，这样一来在体验中，会逐渐发现自己的打法特点和对球拍的需求样式。在经济条件允许时，应尽量使用新型球拍，因为随着制造水平的不断提高，球拍的设计日趋合理，其减震和回球技术效果渐趋成熟，因此新型球拍更容易使用。

除了以上所说的球拍重量、拍面大小、球拍弹性、握感等以外，在选择网球拍时还有很多因素需要考虑。比如拍框的厚度，越薄的拍框越容易打出高速旋转的攻击球。又如球拍的平衡头，平衡头重的球拍攻击性较强，适合底线型选手；平衡头轻的球拍灵活性较强，适合截击。此外，加长球拍也会增加击球的攻击型。

第二节　如何选择网球

或许挑选网球拍对很多网球爱好者来说并不陌生，但是说到挑选网球，可能很多人就不太清楚了。大体上我们可以把网球分为三大类：低压型球、常规型球和加强型球。其中，低压型球就是我们平时所说的儿童网球。大多数网球选手在训练比赛中，对于网球的选择有很多种类，主要根据场地类型、用途、价格、性能以及品牌等进行选择，按照不同的需求，网球也同样分出了很多类型和档次。在选择网球时，需要坚持一个原则，那就是要了解自己的需求，包括对价格的承受能力，以及从使用中综合判断什么样的网球是最适合自己的。

一、低压或无压型网球

对于初学者，低压或无压型的网球更适合，因为打起来速度比较慢，更容易上手，很多品牌商都生产了专门针对初学者的无压力软球和海绵球；若所在的球场海拔很高，那么低压力或无压型网球更为适合，因为高海拔地区的空气较为稀薄，低压力或无压球在反弹时就不会过快、过急。如果在高海拔地区使用高压球，那么弹跳会特别快、特别高。从2002年开始，一支由10个国家的高级教练员和专家组成的团队就开始研究如何帮助人们更容易地掌握网球、喜欢网球并坚持下去的问题。2007年国际网球联合会（ITF）携手37个成员国（包括中国）正式推出这项最新的网球教学研究成果，命名为快易网球，是国际网球联合会经过近20年的网球教学总结的网球教学经验。采用儿童迷你网球场和三色网球进行教学，与此同时，与三色球教学法相对应的三色网球被全球青少年网球培训机构广泛使用。

1. 红色网球

红色网球是三色球中气压最低的，是标准网球气压的30%，材质柔软，飞行速度最慢。一般8岁以下的学员以红色网球训练为主，8岁以上甚至是成年网球初学者在入门阶段也可以使用红色网球，这样能够让学员更容易地打中球，更快找到击球球感和完整做出正确的击球动作。

2. 橙色网球

橙色网球的气压是标准网球气压的50%，飞行速度较慢，弹跳比红色网球略高一点，适合8～10岁年龄段儿童训练使用。10岁以上的学员在练习网球的前几个月里也可以使用橙色网球作为训练用球。

3. 绿色网球

绿色网球的气压是标准网球气压的 75%，是儿童网球中最接近正常网球的，适合 10～12 岁年龄段的学员使用，最后从橙色球过渡到标准网球。

二、常规型网球

常规型的网球毛毡织纹较紧实，设计用于红土与室内地毯球场，不是针对硬地球场较大的磨损度而设计的，所以如果在硬地球场使用常规型的球，球的消耗速度较快；在草地网球场上，如果不想使用专用草地网球，也可以使用常规型的球，因为它较紧密的毛毡可以防止球吸入太多尘气。

三、加强型网球

加强型的网球毛毡较多，以便能承受在硬地球场中所面对的较重打击。如果在土场使用加强型的球，较厚的毛毡会吸入球场沙砾上的尘气，而使球打起来"较重"，这意味着比起常规型的球，它在比赛中速度会变得较慢并较早失去弹性，反之，如果在硬地球场用常规型的球，因为它没有太多的毛毡能够"咬合"地面，因此打起来速度会显得过快。

第三节　如何选择网球线

"网线是球拍的灵魂"，对于许多网球选手而言，网球线的选择尤为重要。随着人工合成线技术的显著提高，网球拍的球线质量也得到了大幅度的提高。然而，并非所有线（以及线张力）适合所有球员，每个网球选手的需求和喜好均不同。

现在多数人造品都是由尼龙线构成的，但等级比基本尼龙线要高。现在制造工艺生产的尼龙线，将可控性和耐用性有效地结合起来，每个球拍都有建议的张力范围，这个范围由制造商决定，但最终还要靠选手自己来测试。如果球员要从球拍上寻求更大的力量，应试着降低几磅网线的张力，线床变形大（球变形小），反弹给球的能量会更多。

一、网球线的可控性

可控性好的线有弹性，击球后能快速回弹。线的材质、构造及粗细都会影响其可控性。现在，弹性最好的线是天然肠线，这是唯一一种用天然产品制成的网线。天然肠线一般由猪、牛、羊等动物的小肠制成，最早的网球拍线常用羊的小肠，又称为"羊肠线"。细线可提高可控性，网球线隔距范围从15（最粗）到19（最细），半隔距等于一个L（15L、16L等），L是Light（轻）的缩写。15L的线比15隔距的线细，由于细线使球嵌入线的程度更大，因此打旋球的可能性也越大。拍线有很多型号，从15（非常粗）到17号（非常细），线的型号越粗，也就更耐用，但击球感觉比较迟钝，反之相反。

二、网球线的耐用性

增加网球线的耐用性是以牺牲可控性为代价的。厚隔距和耐磨的材料比较耐用，但与细尼龙材质相比，回弹性和伸缩性较小，粗线可以提高耐用性。聚酯纤维是一种非常耐用的线，适合易断线的网球选手使用，而非力量型或要求球感的球员，聚酯纤维线的最初张力损失很快，从使用尼龙或人造肠线转过来的球员应增加3～5磅的张力。Kevlar是可以得到的最耐用的线，Kevlar非常结实，网线可以拉得很紧。

第四节　如何挑选网球服装

网球运动对着装有着特殊要求。这些要求既来自传统习俗，也来自对优美形象的追求。网球运动本身是一种优雅的运动，源自西方宫廷。很久以前，网球运动员的着装非常隆重而烦琐，以至于限制了球员们的表现。20世纪早期，男球员还不得不穿着长裤进行比赛，而女选手的长裙也使她们倍受折磨。随着时代的发展，网球装变得更简单和舒适。当然值得一提的是温布尔登网球赛，这些传统的赛事对选手的穿着要求有着严格的规定：必须穿着以白色为主色的服装，并且服装上 Logo 的大小有着严格的限制。

一、T 恤与短裤

经典的款式，如比赛时穿着一件带领子的白色上衣要比一件无袖圆领 T 恤来得更得体，适合所有男士。尤其在公众场合，这样的款式显得大方得体但又不失时尚。宽松的短裤可以行动自如，尤其在快速跑动中。

二、无袖圆领 T 恤

无袖圆领 T 恤舍去了袖子的设计,使得运动时更舒适凉爽,并且看上去更酷、更有魅力。

三、T 恤与短裙

传统的 T 恤和传统长度的裙子,很经典也很时尚,没有过分暴露的元素,适合比赛或公众场合穿着。

四、吊带衫与短裙

网球裙的裙摆相对较大,设计相对时尚,吊带衫使整个肩膀得以解放,动感十足。

第五节　如何挑选网球包

网球选手参加训练和比赛,需要带上齐全的装备,需要选择一个集个性、实用、专业于一身的网球包。

一、容量

容量是选购球包时的重要参考因素：容量太小不够用，把物品挂在外面既累赘又容易丢失；而容量过大，包内装备会因移动而影响平衡。选择合适的球包容量，首先要参考个人装备的多少。

球包大致可分为双肩包和多支装球包。通常可以携带一到两支网球拍，而多支装球包按照可以携带的球拍数量一般可分为3、6、9、12支装球包，此外，还有带轮子的旅行用球包。

二、面料

网球包多数是用尼龙制成的，目前市场上常见的是420D、840D、1680D网球包。D（旦尼尔）是纤维细度的衡量单位。数字越大，纱线或纤维越粗，同样面积的布料就越重。背包面料一般用600D的比较多，户外背包用1000D的比较多，数值越大就越耐磨，密度越大防水性能也越好，当然成本也更高。1680D与840D的尼龙都可称为弹道尼龙，而420D的尼龙则只能称为普通尼龙。密度越高的尼龙材质越耐磨，手感更为顺滑，防水防尘的性能也更好。一般网球包采用PU涂层尼龙面料，具有防水、抗干结、耐磨、防撕裂等功效。

三、背负

采用人体工程学设计的背负系统，其核心理念是球包在使用过程中能让用户拥有最佳携行状态，使其符合选手们的使用行为，使背负者肌肉、骨骼更舒适。通常，双肩球包的背负系统由背板、肩带、胸带、腰带组成。背板用于支撑整个球包，而肩带和胸带起到固定作用。肩带和腰带内侧接触皮肤或衣物的部位应当柔软有弹性，可以有效地将肩带或腰带的上下摩擦改为柔性震动，同时避免因摩擦损伤衣物。胸带能够把胸前两条肩带连接固定，起到稳定球包的作用，同时高度、长度可方便调节到个人舒适的位置。背负系统良好的球包，能够使重量很自然地平均分配，减轻负担，降低疲劳感，好的球包肩带都会加有海绵减震装置。

四、排汗

网球包需要有通风、吸湿、透气、排汗设计。排汗系统目前主要有两种构造，一种是透风型，一种为漏气型。透风型构造主要是通过一些网状网格和背部接触，在行走的时候，汗液就会随着风力而蒸发；漏气型构造主要是在球包背部涂有一种透气性强的泡沫涂层，从而保证运动员背部的干爽。有的球包在肩带与腰带内侧采用了3D透气网纱设计，给空气一个流动的空间，可以有效保持身体接触部位的干爽。

五、结构

网球包和其他包最大的不同，在于包体结构设计。多支装网球包一般窄而长，以便完全容纳较长的球拍。双肩包通常被设计成倒锥形，下大上小，可以方便容纳拍头，而拍柄露在球包外面。网球包的作用不仅是存放、保护球拍，而且要能方便地存放日常网球运动甚至比赛所需的绝大部分用品，所以，良好的内部结构设计，可以使常用装备有条不紊地放置，不同物品都有着各自的存放区间。

六、配件

①肩带：无论是双肩网球包还是多支装网球包，肩带都是关键部位，结实、耐用、舒适的肩带会令你的出行更加舒适轻便。②拉链：拉链质量要好，同时具有户外运动包上的防水拉链设计较适合。③扣具：质量上乘的扣具不仅可以让你轻松地完成装取动作，同时也是网球包负重安全的重要一环。④恒温：球拍所处环境过冷或过热都会影响球拍的使用寿命，也会影响球线的击球效果，因此部分多支装网球包带有隔热恒温的舱袋，以降低环境因素对球拍的影响。

第六节　如何选择网球鞋

网球基本属于二维空间的运动，以跑动为主，很少弹跳，因此网球鞋一般比较厚重且底盘较大。优质的网球鞋讲究的是"前足稳带""后跟托杯"，鞋底要有一定的弹性，用来辅助脚掌的肌肉功能；鞋底要有一定的纹路设计，以保证和地面产生摩擦，防止打滑；同时，鞋底要有一定的弯曲性，辅助球员弹跳，这样的网球鞋才符合网球运动的需要。

网球是一项对鞋要求很高的运动，特别是鞋底和脚尖部位，所以找一双鞋底有足够的耐用性的鞋去适应你的特殊要求是很重要的。通常情况下，提高鞋的耐用性意味着增加鞋的重量，所以要针对选手的需求，认真评估选择网球鞋需要考虑的因素：耐久性和鞋底结构、打球风格、球场类型、自身脚形、减震和缓冲、弯曲性等。

一、平衡

适合网球选手的网球鞋包含许多要素。按网球选手的脚形及生物力学运动特点，网球鞋需要在耐用性、缓震性、稳定性与合脚之间求得平衡。理想的网球鞋可以使选手在打球时感觉舒适，并且可以防止发生运动损伤。

二、合适

网球鞋顶和最长的脚趾之间应有一个拇指甲宽的空隙，以保证脚趾能够自由活动，后跟部位应妥帖；脚形向下过分倾斜的人一般可挑选直线形或略半弯状楦头的鞋，向下倾斜不足的人可以选用弯状或半弯状楦头的鞋，脚形过分向下倾斜的人的鞋帮会向内侧过度移动，而向下倾斜不足的人的鞋帮会向外侧移动。网球运动中的侧面移动要求鞋非常稳固，网球鞋为了提高鞋的柔韧性，只在后跟处加垫纤维板，来提升内部支撑，坚固耐磨的后跟支撑片可以很大限度地减少脚跟的移动。为了进一步提高稳固性，许多网球鞋现在都使用固定框，固定框是一种用来支撑鞋帮的聚合物附件，沿鞋的外部纵向分布，从而提高网球鞋的外部支撑能力。

三、缓震

在网球运动过程中，身体将产生相当于自身体重 2～4 倍甚至更大的力量，球鞋中底将有助于分散这种冲击力。好的网球鞋中底由模压 EVA 或聚氨酯制成，以进一步增加中底的缓震性能；网球鞋的鞋垫也具有一定的缓震性能，同时最易破损。在鞋的寿命耗去一半的时候更换鞋垫将会带来全新的舒适感。网球选手在选择缓震耐用的网球鞋时，应挑选用橡胶或聚氨酯材料做外底的鞋。脚趾部位的增强将有助于承受脚趾踩擦造成的磨损。

四、重量

球鞋越轻，球员能移动得越快；网球运动中频繁的启动与制动使网球鞋要具备充足的缓冲、对脚的额外支撑和更牢固的外底,这些都会使网球鞋变得更重。一双重鞋往往拥有出色的稳定性和耐久度。实用的推荐:准备一轻一重两双鞋,训练时穿重鞋,比赛时穿轻鞋。这个方法会让选手在比赛时感觉很好,会使选手在赛场上移动得更快。

第九章
Chapter 09

常见的网球运动损伤

TENNIS

常见的网球运动损伤　第九章

网球运动中的损伤主要可以分为两大类：急性损伤和慢性损伤。急性损伤包括骨折、扭伤、肌腱断裂，慢性损伤主要是长期从事网球训练和比赛中，过度使用导致微细损伤，从而出现的一些损伤性炎症。慢性损伤原因包括长期不合理的运动造成过度负荷，或者慢性肌肉平衡破坏，如肌肉紧张变硬，或者肌肉疲劳导致的力量减弱，最终引发肌肉、肌腱、韧带甚至是关节软组织等微细损伤的积累。在参与网球运动过程中，运动损伤不可避免，但应尽量预防与治疗，一旦出现伤病，就应及时进行处理，以免影响网球后续锻炼和比赛。

一、网球肘

网球肘因网球运动员易患此病而得名，它的医学名称为肱骨外上髁炎，是指手肘外侧的肌腱发炎疼痛。疼痛的产生是由于负责手腕及手指背向伸展的肌肉重复用力而引起的，网球肘是过劳性综合征的典型例子。由于长期的劳损，可使附着在肘关节部位的一些肌腱和软组织，发生部分性纤维撕裂或损伤，或因摩擦造成骨膜创伤，引起骨膜炎。

（一）原因

网球运动时，肘关节屈伸活动多，力度大，受损机会就多。当初外国医生就是因为看到此病多见于网球运动者，便称其为网球肘。其实，不仅仅是打网球，打羽毛球、乒乓球，甚至从事理发、修理机械、操作电脑、插秧、手工洗衣、做饭等肘关节活动多的工作都可诱发网球肘，产生相应症状。有些肘关节活动并不多的人，由于局部受到损伤或受凉等，也可发病。中老年人由于肌腱纤维退变、老化，损伤后往往不能很快恢复，发病率较高。所以，网球肘并非网球运动的"专利"，更不是网球运动员的职业病。

对于网球选手来说，网球肘最根本的原因，一是直臂击球；二是发力时腕、肘部的翻转太剧烈；三是超负荷练习，如经常在网球运动中反复伸屈腕关节，尤其是用力伸腕同时又需要前臂旋前、旋后的动作时，非常容易引起这种损伤。

（二）预防

网球选手在进行运动前，要做好充分的准备活动。长期体力活动较少的人群，应注意避免突然的肘部过度活动，应注意劳逸结合，适度进行有针对性的锻炼。对有过此病的患者治愈后，仍要防止肘部吹风、着凉，避免过劳，以免复发。

网球选手在日常训练中，应加强腕、臂部力量训练，防止前臂肌肉疲劳积累；做好准备活动及练习后的放松，提高肌肉的反应性；正确掌握"反手"击球技术；早期发现疼痛，及时治疗。

（三）治疗

网球肘的治疗，急性期应减轻患肢的运动量，局部痛点封闭、手法治疗、理疗、热敷等均有一定的效果。

1. 改变运动模式

适当的休息对于急性期网球肘特别重要，然而改变运动模式更为重要；首先需要找出受伤的原因，然后作出相应的改变，便可以减缓病情。研究显示，患网球肘的网球运动员，只需减轻训练强度及科学运动，便可减低90%的病症。

2. 物理治疗

合理的休息、冰敷、固定、抬高及电理疗可以控制炎症，使肌腱在良好放松的物理环境下愈合。

3. 药物

消炎类药物可以帮助减轻疼痛及发炎情况。选手希望快速降低痛楚，便选择局部类固醇注射，但其实它对组织的害处不小，因此不建议采用。

4. 针灸推拿

针灸推拿通过针刺穴位产生刺激，活动肘部的肌肉，是现今治疗网球肘的有效疗法。缺点是治疗周期较长，优点是对身体无副作用。

5. 其他

热敷、理疗、贴膏药、按摩也有一定效果；这些方法联合使用，效果会更好，一般患痛都可治愈；但是，巩固治疗效果还需患者减少肘关节活动，降低肘关节活动力度。

二、水疱

水疱是网球选手最容易出现的伤病之一，当我们在网球训练和比赛时，拇指关节内侧、掌际与拍柄后部相接触的部位、前脚掌等处都是容易起水疱的地方，穿了未适应的新网球鞋也有可能导致水疱的出现。水疱本来不是什么严重的伤病，但却让人疼痛难忍，而且处理不当的时候还容易出现感染的情况，非常影响网球选手的训练比赛及水平发挥。

（一）原因

水疱的产生是在手掌和脚底这种具有较厚角质层的部位，因为皮下的组织粘连得比较紧，当运动时，有可能受到摩擦的影响，这些组织不能和脚底皮肤一起同步活动，当这些组织和皮肤在进行反方向的运动时，有可能会出现裂开的情况，当出现裂开的情况时，组织液便会迅速进入产生的裂缝中，于是便形成了水疱。

除了平时运动训练太少外，手握拍柄表面太硬、太滑，手脚部的汗湿，握拍太紧或太松，鞋底太硬，鞋号过大，鞋垫不合适等都可能导致水疱的产生。

（二）预防

在网球训练时，拍柄缠上一层柔软防滑的吸汗带，并且不用拍柄过细或过粗的球拍打球；鞋子穿着不舒服，及时更换，切勿将就。

高温、潮湿、摩擦是产生水疱的主要原因，因此要避免产生水疱，在网球训练的过程中,需要选择好的装备,因此选择一双软硬大小合适的网球鞋和网球拍,是最重要的;网球鞋要有良好的透气性,鞋子要选择合适的尺码,才会减少脚底的摩擦,新网球鞋不应立刻参与训练和比赛,而是先穿上走路磨合,当磨合好鞋底踩软了时再去参与网球活动,减少起水疱的概率。纯棉袜子比尼龙的袜子更容易起水疱,因此选择袜子的材料要以聚丙烯或其他新的合成纤维为首选,这类材料比羊毛或棉的制品更能保持脚部的干爽,从而降低起水疱的机会。

(三)治疗

当出现水疱时,需要保持患处周边的清洁,每天用清水和消毒液清洗水疱周围的皮肤,防止细菌感染;同时,在网球训练后,对患处适当地进行冷敷,可以加速水疱患处皮肤的恢复速度。

当水疱过大及影响正常的行动时,可以采取积液排出法:首先,用酒精将患处皮肤消毒,用火烧消毒细针,从水疱的斜侧方扎进去,将水疱中的液体排放出来,但水疱的表皮不可揭开,这层表皮对皮肤具有保护作用,接着用医用纱布对患处加强保护,在长出新皮后撕掉旧皮肤让新皮肤接触空气,保持通风干燥;如果长时间患处皮肤红肿、流脓,需要及时去医院就医。

三、肌肉拉伤

网球运动时,除了必须做到的各种挥拍击球动作外,各种方向变相跑动也是必不可少的,过程中,如果肌肉过度发力或者在不正常状态下被动过度牵拉,就可能引起肌肉软组织拉伤;同时,网球训练或比赛中,准备活动不充分或不到位,导致某部分肌肉的生理机能尚未达到适应运动所需的状态,或又为训练水平不够,肌肉的弹性和力量较差,疲劳或过度负荷使肌肉的机能下降、力量减弱、协调性降低,错误的技术动作或运动时注意力不集中,气温过低,湿度太大,场地或器械的质量不良等因素,也有可能可能引起肌肉拉伤。

（一）原因

网球运动在发球、击打高压球以及正反手击球时都有可能由于肌肉局部过度收缩或急速被动拉伸而造成肌肉拉伤，常见的受伤部位是腿部、躯干、肩部及手臂肌肉。肌肉拉伤后比较典型的症状是拉伤部位剧痛，用手可摸到索条状硬块，触疼明显，局部肿胀或皮下出血，活动明显受到限制和疼痛。大多数的拉伤与运动损伤防护的意识不足和对小伤小病的重视程度不够有密切关系。

运动损伤防护中，首先要做到的就是在每次运动之前都要给自己足够的时间（至少 10 分钟）做好热身活动，这里包含主要大肌群的拉伸、慢跑等活动，原则是进行持续静力拉伸，每个动作持续 10～20 秒，重复 2～3 次，以不引起拉伸部位疼痛为度，之后再上场进行有球热身后，再进行比较激烈的比赛或训练。

（二）预防

网球运动对于拉伤的预防措施，主要是需要加强易伤部位肌肉的力量和柔韧性练习，使屈肌和伸肌的力量达到相对平衡，这是防止肌肉拉伤的有效措施。其他的身体基本素质比如柔韧性、协调性、耐力等对于预防损伤也都是重要的；同时，在网球运动过程中要根据自身的情况合理用力，避免猛力击球和做超出自己能力范围的动作，做到量力而行。

网球运动拉伤的预防保护的另一个层面就是加强基础力量，力量是一切运动的基础，所以即使是业余网球爱好者，如果能花点时间做一些下肢、腰腹、肩和上肢的针对性力量训练，除了能让你的网球过程更有乐趣和挑战性之外，更能预防很多运动损伤。

（三）治疗

网球运动中，对造成的牵拉损伤，可进行局部冰袋冷敷，如果没有条件就利用冷水冲局部等冷敷方式；然后用绷带或毛巾适当用力包裹损伤部位，同时抬高受伤肢体，尽量减少血液不循环而造成的肿胀。

一般在 48 小时内，都要每隔几个小时做冷敷。

　　网球运动受伤后，损伤肌肉的肌腹部位出现明显的凹陷，主动及被动刺激肌肉都出现相关关节活动缺失，可能就是肌肉断裂，需要迅速送往医院治疗。受伤两天后根据伤情可适当热敷或用轻手法对损伤局部进行按摩，如果有明显的血肿等情况最好到专业的医院进行进一步的检查处理。

四、扭伤

　　网球是比较安全的运动项目，但还是常常会看到一些扭伤意外的发生，网球运动中扭伤的部位多数是脚跟、膝、腰。脚踝扭伤多数是急停或奋力奔跑时以脚外侧先触地面，而单侧脚踝难以承受身体因惯性或制止惯性所产生的强大力量，导致踝关节韧带、肌肉甚至骨骼的损伤。

　　膝部扭伤多数要归于侧向的急跑和急停所致。腰部突发性扭伤往往发生于球员急停变向（尤其是向后变向）转身跑的时候，发球时背弓及反弹背弓发力也容易使腰部受力过大而导致损伤。

（一）原因

　　网球运动过程中发生的扭伤，其损伤部位与运动项目以及专项技术特点有关。网球运动基本上是全身运动，扭伤部位包括四肢关节或躯体部位的软组织（如肌肉、肌腱、韧带等）等；在网球运动中较为常见的表现为损伤部位疼痛、肿胀和关节活动受限，多发于腰、踝、膝、肩、腕、肘、髋等部位。

（二）预防

　　网球运动中的关节损伤有时是不可避免的，因为体育运动都具有不可预知性，在网球运动前要注意充分热身，同时需要加强相应部位的肌肉力量，以适当限制关节活动范围；对易伤部位进行保护性固定，如包扎弹性绷带等；掌握正确的用力方法，并通过练习努力使之熟练化、规范化；在做生疏的动作时不要急于求成；清除场地内的杂物；认真做好网球训练和比赛前的准备活动，在平日非训练时间，要让肌肉得到充分的休息与放松。

（三）治疗

网球运动经常需要进行大幅度的动作，这极有可能导致身体扭伤。扭伤部位常见于脚踝、膝盖和手腕。常见的处理扭伤的方法具体包括休息、冰敷、压迫和抬高。

在网球训练或比赛过程中，发生扭伤后，正确的方法是立即用冰袋对受伤部位进行冰敷，时间一般为 10～15 分钟，随后，用绷带对受伤部位进行包扎，在包扎时，确保松紧合适，太松的话，绷带容易脱落；太紧的话，会影响血液循环。最后，抬高你的腿或者手臂，让受伤部位高于心脏的位置，并保持这一姿势 15 分钟。如果扭伤部位出现明显的肿胀，或者在发生扭伤时听到破裂的声音，这可能意味着你的伤病比较严重，你需要待在原地休息 15 分钟以上，并在 24 小时内去医院诊断治疗。

五、腱鞘炎

腱鞘主要分布在跨越手指、手腕、肩、踝关节等部位的肌腱上，它像套子一样套于肌腱之外，其作用是减少肌腱活动时与相邻肌腱的摩擦。在网球项目中，由于击球动作的特点，网球运动腱鞘炎主要发生于手腕和手指处，手腕、手指及肩部肌肉反复收缩牵拉肌腱，使这些部位的腱鞘受到过度摩擦或挤压而引起发炎；其症状是在做挥拍动作或在做上臂外展上举动作时感到手腕或肩部疼痛，平时也有压痛感觉。

（一）原因

网球选手训练比赛时，使力不当或超出肌腱负荷，如：握拍使手指和手腕部位、挥拍使得肩膀肌腱炎、激烈的移动跑跳引起膝盖肌腱炎等，网球选手在日常训练中，过度或长期重复使用某个部位，如长时间握拍和发力不正确造成手指肌腱炎或移动跑跳导致足跟肌腱炎。

网球选手在平日训练和比赛时，如肌腱直接受到外来的撞击、压迫或切割也会造成发炎，甚至导致肌腱断裂。当肌腱或腱鞘急性发炎时，网球选手患处会有疼痛感，且按压患者或该肌腱用力时会使疼痛加剧。浅层的肌腱炎外观易会有肿胀现象，过了几个星期或几个月后，肿胀、疼痛逐渐减轻，但肌腱或腱鞘逐渐结疤，变成慢性肌腱或腱鞘炎。此时患者的肌腱除了疼痛、无力外，还会有粘连、僵硬的现象，导致网球动作不能自如发挥。

（二）预防

网球选手应该合理安排训练量，防止局部过度负荷；网球训练前后充分做好准备活动和局部放松活动；网球训练和比赛后，积极的按摩和热敷也对预防有良好的作用，并在赛前和赛后，积极找护理医生进行物理治疗和推拿放松治疗等。

（三）治疗

网球运动腱鞘炎的急性期可使用冰敷以消肿止痛，患处肌腱也要有适当的休息，亦可口服消炎止疼剂或使用局部类固醇注射。

其他方法包括：外用消炎止疼药膏、针灸、电刺激以及超声波等。慢性期时疼痛及肿胀难以减轻，反而会有僵硬、粘连及无力等现象，故此时的治疗除了热疗（超声波、短波、热敷、热水疗法等）、电刺激之外，必须加上适当的运动治疗以增进肌肉力量及改善肌腱、肌肉的柔软度。此外，局部肌腱按摩亦有助于消除肌腱的粘连。少数严重患者，经上述治疗仍无法有效改善病情，则可考虑在专业医生的指导下进行手术治疗。

第十章
Chapter 10

网球选手的科学营养配餐

TENNIS

网球运动需要消耗的体力相对比较多，据统计平均每天需要消耗2700～4200千卡。作为网球选手而言，合理补充营养是需要科学方法的。我们的饮食习惯和日常饮食时间甚至会在一定程度上影响选手在比赛球场上的状态表现。网球运动员们的饮食需要充分考虑营养的均衡搭配。对于那些顶尖的职业网球运动员们来说，合理地安排饮食也是他们日常训练计划的组成部分之一。

现代网球训练中，选手们不但重视日常场地训练，同时也深刻意识到比赛之前准备的重要性。不仅仅是训练，所有可能会影响到发挥的因素都将成为左右最终比赛成绩好坏的关键。有一些选手忽略了日常饮食营养需求的重要性，因此无法在高水平的比赛中做到完完全全地发挥个人能力。与普通膳食计划不同，网球运动员的饮食安排在营养搭配方面有着特殊的控制与需求。为全身心投入训练的网球选手安排日常饮食，需要保证科学的营养搭配、合理的膳食计划与严格的生活执行。

第一节 网球选手的饮食需求

网球运动是一项需要兼顾耐力、敏捷、速度、力量等多种身体能力的综合运动，因此每一个网球选手都应该确保有充足的营养摄入和能量储备来满足这些训练要求。维生素、无机盐、矿物质以及组成肌肉的蛋白质等都是必不可少的成分。要想在比赛中获得胜利，选手不仅仅要在比赛前、比赛中和比赛后都要确保合理膳食，在日常训练中也应当做到这样。因为科学的网球餐是持续性的合理搭配与严格实施。

第二节　网球运动员的饮食成分

网球运动员需要均衡的餐饮配比，应当包含维持健康所需的那些必要成分，包括碳水化合物、蛋白质、有益的脂肪、矿物质、维生素、水分。最好食用新鲜的食物，而不是制成品或者其他经过多次加工的食物；网球餐中应当包含充足的碳水化合物，并提供足够的能量和水分，同时保证合理规律的进食时间。

第三节　网球运动员赛前饮食补给

网球运动员在训练比赛前周期用餐，需保证餐食当中包含丰富的蛋白质，因为蛋白质是促进肌肉合成的关键物质。蛋白质进入体内逐步分解为氨基酸，作为肌肉组织与血红蛋白等的构建基础。同时，蛋白质也能够帮助运动员缓解长时间比赛的疲劳感，并且有加快伤口愈合的作用。满足网球选手蛋白质需求的饮食，应当由 2～3 种提供蛋白质的食物组成。其他高蛋白含量的食物有豆类、鸡蛋、肉类（鸡肉、牛肉、猪肉等）、鱼类、奶酪、牛奶、酸奶等。

脂肪是网球营养配餐中必不可少的成分。脂肪可以帮助减缓碳水化合物的吸收，这意味着它可以帮助身体延长能量的供应时间。像网球比赛这样持续数小时的运动中，脂肪的摄入是必不可少的。有益的脂肪来源有坚果（例如核桃、杏仁、花生）、牛奶、橄榄油、鱼和鸡蛋。要注意脂肪的摄入量，过多过少都会产生不利效果。理想的脂肪摄入量应当维持在日常卡路里摄入量的 15%。脂肪摄入过少会导致身体无法吸收那些溶于脂肪的维生素，比如维生素 E，而维生素 E 是重要的抗氧化剂。低脂肪的限制会排除掉很多食物，而选手的食物来源应当尽可能多元化。此外，由于脂肪有延长能量供应的作用，摄入量过低会降低选手的耐力,影响赛场上的表现;反之,过度摄入脂肪会导致网球运动员赛场反应迟缓。

此外,蔬菜与水果也是网球餐当中的重要组成部分,它们是维生素、矿物质、抗氧化剂及其他营养的天然来源。健康的网球餐应当包含3～5份蔬菜以及4份水果。1份相当于半碗烹饪过的蔬菜(比如菠菜、西红柿及其他)以及新鲜的蔬菜沙拉,1份水果指的是半碗新鲜的诸如苹果、浆果、芒果之类的水果。

网球运动员参加比赛前,3～4小时前所吃的一餐,应是高糖、低脂肪的食物,面条、马铃薯、米饭、水果和蔬菜都是容易消化和吸收的食物。高脂肪的食物需要较长的时间消化,而且对于补充肌肉所需的热量没有很大的帮助。在比赛或练习的前一两个小时,可吃点心并喝足量的水,尤其是专业的网球选手,在比赛之前一定要注意,无论白天或晚上都要补充足够的水分,从而确保身体能够有效进行水合作用。除了水,网球运动员也会饮用一些含有电解质、碳水化合物、钠元素以及蛋白质的运动饮料,这一类运动饮料能够即刻补充在比赛以及高强度训练中流失掉的身体所需成分。

第四节　网球运动员比赛期间饮食补给

网球比赛或练习当中,喝水比吃东西来得更重要,无论是否训练,网球选手都应当按时饮水或者其他饮料,因为水合作用是整个身体运作的基础。报告显示网球运动员应当保证每天的饮水量达到80盎司(约为2.26千克),每15分钟至少要喝半杯或一杯的水。在比赛过程中也尽量定期饮水,在比赛的间歇或者换场的时候应当饮用4～8盎司水。比赛中选手应该在球包袋内放一些点心,以备必须打上五盘或你的能量降低之所需。值得注意的是,饮水的时间应当规律、平均,而不是在你已经非常口渴的情况下才喝水。

在球场上很受职业球员欢迎的点心是香蕉（它们不会造成胃部的不舒服，而且又富含钾，这是一种会随着汗水流失的电解质）。可以适当地提供单一碳水化合物的食物如巧克力、含糖饮料等只应当是在紧急情况下摄入，比如在比赛过程中食用一小块巧克力来补充能量。

第五节 网球运动员赛后饮食补给

网球选手比赛结束之后，就要及时补充和恢复身体所消耗的各种物质。网球运动员训练比赛后，对于糖类的储存与身体的恢复有很大关系。（比赛后的两个小时是补充水分和恢复体能的最重要时间）多吃糖类食物并补充一些蛋白质，有助于修复比赛中损伤的肌肉组织。米、面、水果、葡萄糖等低脂、高糖的食物都适合在比赛前、中、后吃。

因为在网球训练以及比赛过程中我们会不断地消耗身体能量，网球选手就需要适时补充足够的碳水化合物。摄入的碳水化合物能够为肌肉提供所需的能量，以避免肌肉出现过早疲劳，所以能够提升选手在训练和比赛中的耐力。在通常的情况下网球选手都会在一场比赛当中消耗 500～1500 大卡的热量。专业级别的网球选手经常会需要在比赛当中短时间内打很多场比赛，所以通过食用含有丰富的碳水化合物等物质的食物来补充身体所需能量是非常必要的。所有含有碳水化合物的饮品、食物等都可以为我们的身体补充必备营养、纤维以及能量物质。通过专业的研究显示，通常网球选手摄入体内的碳水化合物的含量应该是身体的每千克体重对应 7～10 克的碳水化合物。食物的摄取应当尽可能多元化，摄入那些复合碳水化合物来取代单一碳水化合物。

复合碳水化合物含量较高的食物有面条、米饭、面包、燕麦、土豆以及其他谷物。

第六节　其他事项

科学的网球进食营养要求运动员合理控制或者尽可能地避免饮用一些含有过量咖啡因等物质的饮料，例如咖啡、茶叶饮品以及含咖啡因的碳酸饮料等。咖啡因具有利尿作用，所以会加快身体内体液的流失。频繁地去厕所势必会影响到运动员在训练过程中的注意力以及场上的整体表现。

不仅仅是对网球选手如此，对所有参与运动的人来说，早餐都会是全天当中最重要的也是最关键的一顿饭。经过一整夜的新陈代谢，身体急需要补充新的营养、糖分、矿物质、水等。网球选手通常在早餐前身体处于一种低能量消耗的状态，所以早餐应当含有丰富的碳水化合物，以此来补充肌肉自然代谢所消耗的糖原，从而能够开始新一天的训练和比赛。

早餐之后的进食应该尽量采取少量多次的原则。网球运动员应该尽量避免一次性进食过多，采用少食多餐的方式能为我们的身体持续提供充足能量。此外，一次性摄入过量的能量会加重身体消化系统的负担而导致不好的影响，例如令你行动变得迟缓。过度摄食不利于消化而且会让身体堆积起脂肪。

附录 A

中国网球协会审定《网球竞赛规则》(2016)

1. 场地

网球场地为长方形，长度为 23.77 米（约 78 英尺），单打比赛的场地宽度为 8.23 米（约 27 英尺），双打比赛的场地宽度为 10.97 米（约 36 英尺）。

场地由一条球网从中间处分隔开，悬挂在网绳或金属绳上，附着或绕在 1.07 米（约 3.5 英尺）高的两根网柱上。球网应充分伸展开，填满两个网柱之间的空间，网孔的大小应确保球不能从中间穿过。球网中心的高度应为 0.914 米（约 3 英尺），并用中心带向下绷紧固定，网绳、金属绳和球网的上端应当用一条网带包裹住，中心带和网带均应完全为白色。

◆ 网绳或金属绳的最大直径为 0.8 厘米（约 0.33 英寸）。

◆ 中心带的最大宽度应为 5 厘米（约 2 英寸）。

◆ 球网两侧的网带宽度应当在 5 厘米（约 2 英寸）与 6.35 厘米（约 2.5 英寸）之间。

双打比赛中，每侧网柱的中心应距双打场地的外沿 0.914 米（约 3 英尺）。

单打比赛中，如果使用单打球网，每侧网柱的中心应距单打场地的外沿 0.914 米（约 3 英尺）。如果使用双打球网，那么球网要用两根高 1.07 米（约 3.5 英尺）的单打支柱支撑起，每侧单打支柱的中心距单打场地的外沿 0.914 米（约 3 英尺）。

◆ 网柱的边长或直径不应超过 15 厘米（约 6 英寸）。

◆ 单打支柱的边长或直径不应超过 7.5 厘米（约 3 英寸）。

◆ 网柱和单打支柱不能高出网绳 2.5 厘米（约 1 英寸）以上。

球场两端的界线称为底线，两侧的界线称为边线。

在两条单打边线之间画两条距球网 6.40 米（约 21 英尺）与球网平行的线，这两条线称为发球线。球网每一边的发球线和球网之间的区域，被一条发球中线分成相同的两部分，称为发球区。发球中线应当和单打边线平行并且与两条边线的距离相等。

每一条底线都被一条长10厘米（约4英寸）的中心标志分为相等的两部分，中心标志要画在场地内并且和单打边线平行。

◆ 发球中线和中心标志的宽度为5厘米（约2英寸）。

◆ 除底线的最大宽度可以为10厘米（约4英寸）外，场上其他线的宽度均应介于2.5厘米（约1英寸）和5厘米（约2英寸）之间。

场地的所有测量都应以线的外沿为基准，场地上的所有线的颜色均必须相同，并且和场地的颜色有明显的区别。

除附录Ⅳ（注：这些附录是指本规则的附录，本书未摘录，下同）中另有规定的以外，在场地、球网、中心带、网带、网柱或单打支柱上均不允许放置广告。

除上述场地外，附录Ⅶ中的"红色"和"橙色"场地可以用于10岁及以下组别的比赛。

注：底线和后挡板之间，以及边线和侧挡板之间的最短距离标准可参见附录Ⅸ。

2. 永久固定物

场地上的永久固定物，不仅包括后挡板、侧挡板、正常观赛的观众、观众看台和座位，场地周围和上方的所有其他固定物，而且还包括处于各自规定位置的主裁判、司线员、司网裁判和球童。

在使用双打球网和单打支柱的场地上进行单打比赛时，网柱、单打支柱外侧的球网部分属于永久固定物，而不能视其为网柱和球网的一部分。

3. 球

网球规则中批准的比赛用球必须符合附录Ⅰ的具体要求。

国际网联负责裁决某种球或模型是否符合附录Ⅰ的标准，以及是否可以批准用于比赛。国际网联既可以主动作出此类裁决，也可以根据相关方的申请裁决，包括运动员、器材生产厂商、国家网球协会或其会员等。此类申请与裁决应当按照国际网联相应的审查与听证程序来进行（参见附录Ⅺ）。

赛事组织方必须在赛前公布：

（1）比赛中用球的数量（2个、3个、4个或6个）。

（2）换球的方案。

如果换球，可采用以下方式中的任何一种：

① 规定某单数局结束后换球。在这种情况下，由于热身活动用球的原因，比赛中第一次换球必须比规定的局数提前两局进行。平局决胜局在换球时算作一局，平局决胜局开始前不应换球。在这种情况下，换球应当推迟到下一盘第二局开始前。

② 在每盘开始前换球。

如果球在活球期破裂，这一分应当重赛。

判例：如果在一分结束后发现球变软，这一分是否应重赛？

答案：如果球只是变软而没有破裂，这一分不应重赛。

注：在按照网球规则进行的比赛中，任何用球都必须是由国际网联发布的已被列入官方目录的批准用球。

4. 球拍

网球规则中批准的比赛用拍必须符合附录Ⅱ的具体要求。

国际网联负责裁决某种球拍或模型是否符合附录Ⅱ的标准，以及是否可以批准用于比赛。国际网联既可以主动作出此类裁决，也可以根据相关方的申请裁决，包括运动员、器材生产厂商、国家网球协会或其会员等。此类申请与裁决应当按照国际网联相应的审查与听证程序来进行（参见附录Ⅺ）。

判例1：球拍击球面是否允许有一套以上的拍弦？

答案：不允许，规则中提及只能有一组交叉弦（参见附录Ⅱ）。

判例2：如果弦穿在了一个以上的平面上，是否可以认为拍弦是大体一致和平整的？

答案：不可以。

判例3：减振器是否可以装在拍弦上，如果可以，应当装在什么位置？

答案：可以，但只能装在交叉线外侧。

判例4：在一分未结束时，运动员的拍线意外断裂，他可以用这把球拍继续比下一分吗？

答案：可以，但赛事组织方特别禁止的除外。

判例5：在比赛中的任何时候，运动员可否使用一把以上的球拍？

答案：不可以。

判例6：可以在球拍内嵌入会影响击球特性的电池吗？

答案：不可以，比赛中禁止使用电池、太阳能电池或其他类似的产生能源的设备。

5．局分

1）常规局

在常规局的比赛中，应首先报发球运动员的得分，计分如下：

无得分 —— 0

第一分 —— 15

第二分 —— 30

第三分 —— 40

第四分 —— 本局比赛结束

若两名运动员/队都得到三分，则比分为"平分"。"平分"后如果一名运动员/队得分，则比分为"占先"，如果"占先"的这名运动员/队又得分，他便赢得了这一局；如果"占先"后是另一名运动员/队得分，则比分仍为"平分"。运动员/队需要在"平分"后连续得到两分，才能赢得这一局。

2）平局决胜局

在平局决胜局中，使用阿拉伯数字0、1、2、3等计分。首先赢得7分并净胜对手两分的运动员/队赢得这一局及这一盘。决胜局有必要进行到一方运动员/队净胜对手两分为止。

轮及发球的运动员在平局决胜局中首先发第一分球，随后的两分由他的对手发球（在双打比赛中，对方队中轮及发球的运动员进行发球）。

此后，每一名运动员/队轮流连续发两分球，直到平局决胜局结束（在双打比赛中，队内发球顺序应与该盘发球顺序相同）。

在平局决胜局中首先发球的运动员/队应当在下一盘的第一局首先接发球。

其他批准的备选计分方法可参见附录Ⅴ。

6. 盘分

盘分有不同的计分方法。主要的计分方法是"长盘制"和"平局决胜局制"两种。比赛中可以使用其中任何一种计分方法，但必须在赛前宣布。如果使用的是"平局决胜局制"的计分方法，还必须宣布决胜盘采用"平局决胜局制"还是"长盘制"。

1）"长盘制"

先赢得6局并净胜对手两局的运动员/队赢得一盘。一盘有必要进行到一方运动员/队净胜两局为止。

2）"平局决胜制"

先赢得6局并净胜对手两局的运动员/队赢得一盘。如果局数比分达到6∶6时，则须进行"平局决胜局"。

其他批准的备选计分方法可参见附录Ⅴ。

7. 赛制

比赛可以采用三盘两胜制，先赢得两盘的运动员/队赢得比赛；或采用五盘三胜制，先赢得三盘的运动员/队赢得比赛。

其他批准的备选计分方法可参见附录Ⅴ。

8. 发球员和接发球员

运动员/队应当分别站于球网两侧。发球员是指发出第一分球的运动员，接发球员是指准备回击发球的运动员。

判例1：接发球员可以站在线外的场地上吗？

答案：可以。接发球员可以站在同侧的场地内或场地外的任何位置接球。

9. 站位和发球的选择

在准备活动开始前，通过抛硬币的方式决定比赛的第一局站位和发球/接发球权。抛硬币获胜的运动员/队可以选择：

① 在比赛的第一局中选择发球或接发球，在这种情况下，对手选择站位。

② 选择比赛的第一局站位，在这种情况下，对手选择发球或接发球。

③ 要求对手作出以上任意一种选择。

判例：如果准备活动被中断，运动员离开了场地，双方运动员/队是否有重新选择的权利？

答案：是的，原抛硬币结果仍然有效，但是双方运动员/队都有权利重新选择。

10. 交换场地

运动员应在每一盘的第一局、第三局和随后的每一个单数局结束后交换场地。运动员还应在每一盘结束后交换场地，但当一盘结束后双方所得局数之和为偶数时，运动员须在下一盘第一局结束后交换场地。

在平局决胜局中，运动员应在每6分后交换场地。

其他批准的备选方案可参见附录Ⅴ。

11. 活球

除了发球失误或呼报重赛之外，该球从被发球员击出开始到该分结束为止为活球。

12. 压线球

如果球压线，则这个球被认为是落在以该线作为界线的场地之内。

13. 球触及永久固定物

如果活球落在正确的场地内后触到了永久固定物，则击出该球的运动员赢得该分；如果活球在落地前触到了永久固定物，则击出该球的运动员失分。

14. 发球次序

在常规局结束后，该局的接发球员在下一局中发球，该局的发球员在下一局中接发球。

双打比赛中，在每一盘第一局开始前，由先发球的那队决定哪一名运动员先在该局发球。同样，在第二局开始前，他们的对手也应当决定由谁在该局先发球。第一局发球的运动员的搭档在第三局发球，第二局发球的运动员的搭档在第四局发球。这一次序一直延续到该盘结束。

15. 双打的接发球次序

在每一盘的第一局，首先接发球的那队要决定哪一名运动员在该局接第一分发球。同样，在第二局开始前，他们的对手也应当决定哪一名运动员在该局接第一分发球。先接第一分发球的运动员的搭档应当接本局的第二分发球，这一次序一直延续到该局和该盘结束。

接发球员接完发球后，该队中的任何一名运动员都可以击球。

判例：可以允许双打队伍中的一名运动员单独和对手进行比赛吗？

答案：不可以。

16. 发球动作

在即将做出发球动作前，发球员必须静止站在底线后（即远离球网的那一侧），双脚位于中心标志的假定延长线和边线的假定延长线之间。

然后，发球员应当用手将球向任何方向抛出并在球落地前用球拍将球击出。在球拍击到球或未能击到球的那一刻，整个发球动作即被认为已经完成。对于只能使用一只手臂的运动员，可以用球拍完成抛球。

17. 发球程序

在常规发球局中，发球员在每一局都应当从场地的右侧半区开始，交替在场地的两个半区发球。

在平局决胜局中，第一分发球应当从场地的右半区发出，然后交替从场地的两个半区发球。

发出的球应当越过球网，在接球员回球之前落到对角方向的发球区内。

18. 脚误

在发球过程中，发球员不可以有以下动作：

① 通过走动或跑动来改变位置，但允许脚步轻微移动。

② 任何一只脚触及底线或场地内。

③ 任何一只脚触及边线假定延长线外的地面。

④ 任何一只脚触及中心标志的假定延长线。

如果发球员违反了这些规定就是一次"脚误"。

判例1：在单打比赛中，发球员可否站在底线后的单打边线与双打边线之间的位置发球？

答案：不可以。

判例2：发球过程中是否允许发球员的一只脚或者双脚离开地面？

答案：可以。

19. 发球失误

下列情况为发球失误：

① 发球员违反了规则第16、17或18条。

② 发球员试图击球时未能击中。

③ 发出的球在触地前碰到了永久固定物、单打支柱或网柱。

④ 发出的球触到了发球员或发球员的搭档，或所穿戴的或携带的任何物品。

判例1：在发球时，发球员抛出后决定不击球而接住球，这是一次发球失误吗？

答案：不是。运动员抛球后可以决定不击球，可以用手或球拍将球接住，或让球落地。

判例2：单打比赛在有网柱和单打支柱的场地上进行时，发球击中了单打支柱后落在了有效的发球区，这是一次发球失误吗？

答案：是的。

20. 第二发球

如果第一发球失误，发球员应当立即从同一半区再发一次，除非第一发球是从错误的半区发出的。

21. 何时发球和接发球

发球员应该在接发球员做好准备以后再发球。但是，接发球员应当按照发球员合理的发球节奏来比赛，并在发球员准备发球时，在合理的时间内做好接发球的准备。

接发球员如果试图回击发球，则视为已做好准备。如果证实接发球员确未做好准备，那么该次发球不能被判为失误。

22. 重新发球

如果出现下列情况则应当重新发球：

（1）发出的球触到了球网、中心带或网带后落在有效发球区内；或在球触到了球网、中心带或网带后，在落地前触到了接发球员或其搭档，或他们所穿的或携带的任何物品。

（2）球发出后，接发球员还没有做好准备。

在重发球时，之前的那次发球作废，发球员应重发，但是不能取消重新发球前的发球失误。

其他批准的备选程序可参见附录Ⅴ。

23. 重赛

除了在第二发球时呼报重新发球是指重新发该次发球外，在所有其他情况下，当呼报重新发球时，这一分必须重赛。

判例1：在活球期间，另一个球滚入场地内。裁判员呼报重新发球。发球员之前有一次发球失误，此时发球员应获得第一发球，还是第二发球的权利？

答案：第一发球，整个这一分必须重赛。

24. 运动员失分

如果出现下列情况，运动员将失分：

（1）发球员连续两次发球失误。

（2）在活球状态下，运动员在球连续两次落地前未能击球。

（3）在活球状态下，运动员回击的球落到有效击球区外的地面或在落地前碰到有效击球区外的其他物体。

（4）在活球状态下，运动员回击的球在落地前触到永久固定物；

（5）接球员在发球没有落地前击球。

（6）运动员故意用球拍托带或接住处于活球状态中的球，或故意用球拍触球超过一次。

（7）在活球状态下的任何时候，运动员或他的球拍（无论球拍是否在他手中），或他穿戴的或携带的任何物品触到球网、网柱/单打支柱、网绳或金属绳、中心带或网带，或对手场地。

（8）运动员在球过网前击球。

（9）在活球状态下，除了运动员手中的球拍以外，球触到运动员的身体或他穿戴的或携带的任何物品。

（10）在活球状态下，球触到了运动员的球拍，但球拍不在他的手中。

（11）在活球状态下，运动员故意并实质性地改变了球拍的形状。

（12）双打比赛中，同队的两名运动员在回球时都触到了球。

判例1：发球员在第一次发球后，球拍从他的手中脱落，在球落地前球拍碰到了球网。这是一次发球失误，还是发球员失分？

答案：发球员失分，因为在活球期间球拍触及了球网。

判例2：发球员在第一发球后，球拍从他的手中脱落，在球落地触及有效发球区以外的地面后球拍碰到了球网。这是一次发球失误，还是发球员失分？

答案：这是一次发球失误，因为球拍触及球网时，球已经不在活球期内了。

判例 3：双打比赛中，接发球员的搭档在对方发出的球触及有效击球区以外的地面前触及球网，应当如何判定？

答案：接球方失分，因为活球期间接发球员的搭档触及球网。

判例 4：运动员在击球前或击球后越过球网的假定延长线，该名运动员是否失分？

答案：在这两种情况下，如果运动员没有触及对方的场地，都不失分。

判例 5：活球期间运动员可否越过球网进入对方的场地内？

答案：不可以，这名运动员失分。

判例 6：活球期间运动员抛拍击球，球和球拍均落入对方一侧的场地内，对方未能击到球，哪一名运动员赢得该分？

答案：抛拍击球的运动员失分。

判例 7：发球在触地前刚好击中接球运动员，或双打比赛中接发球员的搭档，哪一名运动员赢得该分？

答案：发球员赢得该分，除非裁判呼报重发。

判例 8：运动员站在场地外回击或接住未落地的球，并且宣称赢得该分，因为球一定会飞出有效场地外？

答案：该名运动员失分。除非这是一次有效的击球，在这种情况下应该继续比赛。

25. 有效回击

下列情况属于有效回击：

（1）球触到了球网、网柱/单打支柱、网绳或金属绳、中心带或网带并且越过球网后落到有效场地内；规则第 2 条和第 24 条第（4）项除外。

（2）在活球状态下，球落在有效场地内后旋转或被风吹回过网，运动员过网击球，将球打到有效场地内，并且没有违反规则第 24 条的规定。

（3）回击球从网柱外侧绕过，无论该球是否高于球网，即使触到网柱，只要落在有效场地内，均视为有效，规则第 2 条和第 24 条第（4）

项条除外。

（4）球从单打支柱及其相邻网柱之间的网绳下面穿过而又没有触及球网、网绳或网柱，并且球落在有效场地内。

（5）运动员在自己球网一侧内回击球后，球拍随球过网，球落入有效场地内。

（6）在活球状态下，运动员击出的球碰到了有效场地内的另一个球。

判例1：运动员的回球击中单打支柱并落入有效场地内，这是否为有效回击球？

答案：是有效回击。但如果发球触到单打支柱，则为发球失误。

判例2：活球期间，球击中有效场地内的另一球，应当如何判定？

答案：继续比赛。然而，如果裁判员此时不能确定回击的球是否为活球状态下的球，则这一分应当重赛。

26. 干扰

如果运动员在某一分球的比赛中受到对手故意干扰，那么这名受干扰的运动员应当赢得该分。

然而，如果运动员在某一分的比赛中受到对手非故意干扰，或者自身无法控制（除场地上的永久固定物外）的干扰时，这一分应当重赛。

判例1：无意的连击是否为干扰？

答案：不是，参见规则第24条第（6）项。

判例2：运动员认为他的对手受到干扰所以停止击球，这是否为一次干扰？

答案：不是，这名运动员失分。

判例3：比赛中球击中飞过球场上空的鸟，这是否为一次干扰？

答案：是的，这一分应当重赛。

判例4：在一分中，该分开始时已经在运动员这一侧场地内的一个球或其他物体干扰了运动员，这是否为一次干扰？

答案：不是。

判例5：在双打比赛中，发球员和接发球员的搭档站在何处？

答案：发球员和接发球员的搭档可以站在球网一侧己方场地内或场地外的任何位置。然而，如果运动员干扰对方，那么将使用干扰规则。

27．更正错误

原则上，当比赛中发现违反网球规则的错误时，先前所有的分数都有效，发现的错误应当按照如下条款更正：

（1）在常规局或平局决胜局中，如果运动员从错误的半区发球，此错误一经发现应当立即更正，发球员要按照场上的比分从正确的半区发球。发现错误前的发球失误仍有效。

（2）在常规局或平局决胜局中，如果双方运动员场地站边错误，此错误一经发现就应当立即更正，发球员要按照场上的比分从正确的一边场地发球。

（3）在常规局中如果出现运动员的发球次序错误，此错误一经发现，由本应发球的运动员立即发球。然而，如果在发现错误前该局已经结束，则发球的次序按照已改变的次序继续进行。在这种情况下，此后的所有换球必须比原规定的局数推后一局进行。

如果在发现发球次序错误前，对手有一次发球失误，则此次发球失误无效。

在双打比赛中，如果同队的两名运动员发球次序错误，则发现错误以前的发球失误仍有效。

（4）在平局决胜局中，运动员发球次序错误，如果错误是在双数比分结束后发现的，则错误一经发现就应当立即更正。如果错误是在单数比分结束后发现的，则发球的次序就按照已改变的次序进行。

发现发球次序错误前的发球失误无效。

在双打比赛中，如果是同队的两名运动员发球次序错误，则错误发现前的发球失误有效。

（5）在双打比赛的常规局或平局决胜局中，如果接发球次序错误，则按照已发生的错误次序继续进行，直到这一局结束。在这一盘的下一次接发球局，这对运动员应当恢最初的接发球次序。

（6）赛前规定的是"长盘制"的比赛，但是在局数6∶6时错误地进行了"平局决胜局制"的比赛，如果此时仅仅进行了第一分的比赛，则此错误应立即更正；如果发现错误时第二分的比赛已经开始，则这盘比赛将按照"平局决胜局制"继续进行。

（7）赛前规定的是"平局决胜局制"的比赛，但是如果在局数6∶6时错误地进行了常规局的比赛，如果此时仅仅进行了第一分的比赛，则此错误应立即纠正；如果发现错误时第二分的比赛已经开始，则这盘比赛将按照"长盘制"继续进行，直到双方的局数达到8∶8时（或更高的偶数平局时）再进行"平局决胜局制"的比赛。

（8）赛前规定决胜盘采用"平盘决胜局制"，但是在决胜盘错误地进行了"平局决胜局制"或"长盘制"的比赛，如果此时仅仅进行了第一分的比赛，则此错误应立即更正；如果发现错误时第二分的比赛已经开始，则这一盘比赛继续进行，直到一名运动员/队赢得3局（赢得这一盘），或是到局数2∶2平时，再进行"平盘决胜局制"的比赛。然而，如果在第五局的第二分比赛开始后才发现错误，则这一盘将以"平局决胜局制"继续比赛（参见附录Ⅴ）。

（9）如果没有按照正确的顺序换球，那么要等到应该发新球的运动员/队下一个发球轮次时更换新球。此后的换球顺序仍然按照最初的规定，在达到既定的换球局数后再进行。在一局比赛进行时不能换球。

28. 场上技术官员的作用

在设有技术官员的比赛中，他们的作用和职责参见附录Ⅵ。

29. 连续比赛

原则上，比赛从第一分发球开始直到比赛结束应当连续地进行：

（1）分与分之间，最长间隔时间为20秒。运动员在单数局结束后交换场地时，最长时间间隔为90秒。但是，在每盘的第一局结束后和在平局决胜局制进行时，比赛应连续进行，运动员没有休息时间，直接交换场地。

在每一盘结束后，盘间最长间隔时间为 120 秒。

最长间隔时间是指从上一分球结束时开始，直到下一分第一次发球击球时为止。

赛事组织方可以向国际网联申请延长单数局结束时运动员交换场地的 90 秒间隔时间，以及盘间 120 秒的间隔时间。

（2）如果出现运动员服装、鞋子或必要的装备（不包括球拍）损坏或需要更换等不受运动员控制的情形，可以给予运动员合理的额外时间去解决这些问题。

（3）不能给予运动员额外的时间恢复体力。但是，当运动员出现可以治疗的伤病时，可以获得一次 3 分钟的医疗暂停来治疗该伤病。如果赛前已宣布，则可以允许一定次数的上卫生间/更换衣服的时间。

（4）如果赛事组织方赛前已经宣布，整场比赛允许有一次最长为 10 分钟的休息时间，则可以在五盘三胜制比赛的第三盘结束后，或三盘两胜制比赛的第二盘结束之后采用。

（5）除非赛事组织方事先另行规定，否则准备活动时间最长为 5 分钟。

30. 指导

以任何方式对运动员进行任何种类的交流、建议或指示都被认为是指导。

在团体赛中，如果领队坐在场内，运动员可以在盘间休息和单数局结束运动员交换场地时接受领队的指导，但是在每一盘的第一局结束后和平局决胜局制交换场地时不能接受指导。

在其他的任何比赛中，运动员都不能接受指导。

判例 1：如果指导是不易被察觉的暗号，运动员可以接受这样的指导吗？

答案：不可以。

判例 2：比赛暂停期间，运动员可以接受指导吗？

答案：可以。

判例 3：在比赛期间，是否允许运动员接受场上指导？

答案：执行机构可以向国际网联申请允许场上指导。在允许场上指导的赛事中，指定的教练员可以进入场地，按照执行机构制定的程序对运动员进行指导。

31. 运动员分析技术

网球规则批准的运动员分析技术必须符合附录Ⅲ的具体要求。

国际网联负责是否批准使用此类设备。国际网联既可以主动作出此类裁决，也可以根据相关方的申请裁决，包括运动员、器材生产商、国家网球协会及其会员等。此类申请与裁决应当按照国际网联相应的审查与听证程序进行（参见附录Ⅺ）。

附录 B

网球裁判方法

1. 主裁判的职责

（1）主裁判应熟练掌握网球竞赛规则和本次比赛的竞赛规程及行为准则的内容。

（2）主裁判应按照裁判员工作程序及裁判长提出的要求进行工作。

（3）比赛开始前，检查场地、器材(网、柱、球、拍)是否符合标准。召集双方运动员，检查运动员服装是否符合要求，准备球、秒表等用具。主持双方运动员挑边和选择发球权。控制练习时间。掌握比赛开始时间。

（4）比赛中宣报"发球失误、重发球、出界、击球违例、脚误、两跳"，以及重复司线员、脚误裁判员和网上裁判员的判定。

（5）负责记录比分，并可根据情况报分。每局和每盘比赛结束后应报局数分和盘数分，并登记在记录表上。

（6）主裁判裁决比赛中的一切问题。当运动员对某个球的裁决有疑问时，主裁判作最后裁决，运动员不应再坚持，但运动员对此有权向裁判长提出申诉。

（7）主裁判有权对司线员出现的错判进行改判，但必须在司线员错判后立即改判。主裁判有权撤换、轮换任何一个司线员、司网员和脚误裁判员。

（8）当观众的行为有碍比赛进行时，主裁判应尽力维持秩序并进行劝阻，保证比赛的顺利进行。

（9）在比赛中，主裁判认为条件变化(天气、人为因素等)足以影响比赛进行时，应中断比赛并报告裁判长。

（10）主裁判在比赛结束后应填好记分表，上交记录组，并向裁判长汇报比赛的执行情况。

2. 司线员的职责

司线员的职责如下：

（1）司线员主要负责发球失误和出界的宣报，根据比赛规模和级别的大小设置不同数量的司线员。包括发球中线司线员、边线司线员、端线司线员、发球线司线员。司线员只负责宣报自己管辖的线，端线、边线、发球中线的司线员在没有脚误裁判员时还负责宣报脚误。

（2）当视线被遮挡无法做出宣报时，应立即做出未看见手势。

（3）当司线员发现判决出现错误时，应立即更正其错误，马上站起来向主裁判喊"更正"。

（4）当运动员违反行为准则而主裁判未看见时，司线员应立即向主裁判报告。

3. 司线员的手势

司线员的手势是司线员宣报的一个附加动作，也是司线员工作的组成部分。

手势有以下几种：

(1) 出界——用出界一侧的手臂向外伸，与肩同高，指着球出界的方向。

(2) 好球——伸开手掌，接近地面上下移动。

(3) 视线被遮挡——起立，一只手在眼前晃动，使裁判员看到他所处的位置。

4. 司网员的职责

司网员的职责如下。

（1）在比赛时有一名司网员坐在主裁判前的网柱旁边，当运动员发球时，将手放在球网网绳上面，负责判定发球是否擦网，如擦网，则宣报"重发球"。

（2）负责判定球是否穿过网孔，如遇球穿过网孔，则宣报"穿孔球"。当运动员发完球后，应将手从网上抽回。

5. 脚误裁判员的职责

在比赛时，脚误裁判员正对端线而坐，负责判定运动员发球时是否出现脚误，当确定是脚误时，应立即宣报脚误。脚误裁判员应熟练地掌握判定脚误的方法和规则。